浙江中医临床名家

朱祥成

总主编 方剑乔

唐旭霞 主编

科学出版社

北 京

内 容 简 介

本书是"浙江中医临床名家"丛书之一,介绍了浙江名医朱祥成。朱祥成教授是浙江省第二批名老中医,也是浙江省内第一位中医耳鼻喉科教授、主任医师。本书共分六章:中医萌芽、名师指引、声名鹊起、高超医术、学术成就、桃李天下。重点介绍了朱祥成教授治疗耳鼻咽喉科疾病的学术成就、学术思想及临床经验。全书涉及耳科疾病、鼻科疾病、咽喉科疾病等多个领域,并结合具体病例体现了中医中药在耳鼻喉科疾病治疗中的特色和优势。

本书可供中医临床、科研人员及在校学生阅读使用,也可供中医爱好者参考。

图书在版编目(CIP)数据

浙江中医临床名家. 朱祥成 / 方剑乔总主编;唐旭霞主编. —北京:科学出版社,2019.7

ISBN 978-7-03-061776-7

Ⅰ.①浙⋯ Ⅱ.①方⋯ ②唐⋯ Ⅲ.①朱祥成-生平事迹 ②中医五官科学-耳鼻咽喉科学-中医临床-经验-中国-现代 Ⅳ.①K826.2 ②R276.1

中国版本图书馆CIP数据核字(2019)第128308号

责任编辑:鲍 燕 刘 亚 王立红 / 责任校对:王晓茜
责任印制:徐晓晨 / 封面设计:黄华斌

科 学 出 版 社 出版
北京东黄城根北街 16 号
邮政编码:100717
http://www.sciencep.com

北京捷迅佳彩印刷有限公司 印刷
科学出版社发行 各地新华书店经销

*

2019 年 7 月第 一 版 开本:720×1000 B5
2020 年 1 月第二次印刷 印张:9 1/4 插页:2
字数:166 000

定价:58.00 元
(如有印装质量问题,我社负责调换)

朱祥成

1974年摄于无锡　左起：干祖望　朱祥成　黄莘农　何宗德

1979年摄于灵隐寺　左起：朱祥成　林乾良　蒋文照　马莲湘　詹起苏　何任　宋光济

吴颂康　马一民　徐荣斋　高镇五　虞孝贞

2018年7月摄于浙江省中医院

第一排从左至右：刘扬　朱祥成　唐旭霞

浙江中医临床名家

丛书编委会

主　编　方剑乔

副主编　郭　清　李俊伟　　张光霁　　赵　峰
　　　　陈　华　梁　宜　　温成平　　徐光星

编　委　（按姓氏笔画排序）

丁月平	马红珍	马睿杰	王　艳
王彬彬	王新华	王新昌	牛永宁
方剑乔	朱飞叶	朱永琴	庄海峰
刘振东	许　丽	寿迪文	杜红根
李　岚	李俊伟	杨　珺	杨珺超
连暐暐	余　勤	谷建钟	沃立科
宋文蔚	宋欣伟	张　婷	张光霁
张丽萍	张俊杰	陈　华	陈　芳
陈　晔	武利强	范军芬	林咸明
周云逸	周国庆	郑小伟	赵　峰
宣晓波	姚晓天	夏永良	徐　珊
徐光星	高文仓	郭　清	唐旭霞
曹　毅	曹灵勇	梁　宜	葛蓓芬
智屹惠	童培建	温成平	谢冠群
虞彬艳	裴　君	魏佳平	

浙江中医临床名家·朱祥成

编 委 会

主　审　朱祥成

主　编　唐旭霞

副主编　刘　扬　　田彦林

编　委　（按姓氏笔画排序）

　　　　田彦林　　刘　扬　　陈　倩　　胡小花

　　　　唐旭霞

总　序

　　中华医药，博大精深，源远流长。灵兰秘典，阴阳应象，穷万物造化之妙；《金匮》真言，药石施用，极痌疾辨治之方。诚夷夏百姓之瑰宝，中华文明之荣光。

　　浙派中医，守正出新，名家纷扬。丹溪景岳，《格致》《类经》，释阴阳虚实之论；桐山葛岭，《采药》《肘后》，载吴越岐黄之央。固钟灵毓秀之胜地，至道徽音之华章。

　　浙中医大，创业惟艰，持志以亢。忆保俶山下，庠序进修，克艰启幔；贴沙河干，省立学府，历难扬帆；钱塘江畔，名更大学，梦圆字响。望滨文南北，富春秋冬，三区鼎足，一校华光；惟天惟时，其命维新，一德以持，六艺互襄；部省共建，重校启航，黾勉奋发，踵武增华。

　　甲子校庆，名医辈出，几代芳华。值此浙江中医药大学建校六十周年之际，特辑撰"浙江中医临床名家"丛书，以五十二位浙江中医药大学及直属附属医院名医为体，以中医萌芽、名师指引、声名鹊起、高超医术、学术成就、桃李天下为纲，叙名家成长成才之历程，探名家学术经验之幽微，期有益于同仁之鉴法、德艺之精进。

时己亥初夏

目　　录

第一章

中 医 萌 芽

第一节　预言应验入杏林

"这个孩子将来是个读书人！"

1939年2月28日，在宁波鄞州区西部四明山区樟村朱家村的一户农家，一个婴儿呱呱落地。当时有一位算命先生恰巧路过，听到屋子里传出的婴儿啼哭声，突然停住了脚步，说："这个孩子将来是个读书人！"

那时候的山区农家穷得响叮当，能有番薯、玉米、马铃薯吃就不错了，吃了上顿没有下顿，读书这事想都不敢想，于是这家人也就没把这句话放在心上。但这个孩子的母亲牢牢记住了这句话，常常念叨："这个孩子将来是个读书人！"

这个孩子就是朱祥成。

时光飞逝，朱祥成与村里的同龄小伙伴们上山拾柴，下溪捉鱼，度过了快乐的童年。8岁时，虽然家里的两个姐姐和哥哥从没上过学，母亲仍然坚持再苦再难都要供他上学。自己村里没有学校，就到邻村去上。那个年代，上学时都要先拜孔夫子，别人家的小孩都带着糕点去祭拜，朱家穷，拿不出糕点来祭拜，还是大姐姐拉着朱祥成，端着一壶红糖水去拜了孔夫子，这才开始读书识字。

上学后，朱祥成读书很努力，每学期成绩都是第一名或第二名。1949年中华人民共和国成立了，国家百废待兴，山乡农村面貌不断改变，政府也加大了对教育的投入。有条件的山村普遍兴办小学，办学条件得到大大改善。1952年，鄞县兴办了一所樟村中学。1953年朱祥成小学毕业时，因学习成绩优异，被直接保送上了樟村中学。1956年中学毕业时，又正好赶上鄞县的樟

村中学升级，首次开办了高中部，他又直接被保送进了高中，成为樟村中学第一届高中生。看到朱祥成学习成绩这么好，家人总要开玩笑地提起当年算命先生的那一句预言："这个孩子将来是个读书人！"。

朱祥成的求学之路并非一帆风顺，他曾一度弃学去做工、当兵、务农，但事实证明，这个"读书人"终究与读书治学有不解之缘。

1957年高中二年级时，当时是学生团总支部委员的朱祥成，因为家庭经济的原因，准备弃学去湖州南浔做工——他的哥哥正好在南浔一家工厂里工作。那时做工人很光荣，还有钱可赚，经哥哥介绍朱祥成便进了工厂，还把在农村的户口迁入了工厂，成了一名正式工人。没想到他刚走上工作岗位，樟树中学的一封信就"追"来了。这封信是学校写给工厂的，原来，当时学校希望能留住学生，尤其是好学生，便想方设法做弃学学生及家长的工作，一旦有共青团员申请转移团组织关系，便写信到招工的工厂，诉说种种理由希望"放弃招工"，劝学生复学。对于朱祥成，学校在信中罗列理由尤其多。最终，一番考虑并征得工厂同意后，朱祥成又回到了学校，继续念书。

1958年，高三上半学期，由于当时国防形势的需要，部队来学校征兵。朱祥成想象着自己手握钢枪，保家卫国的样子，顿时热血沸腾。因为他从小体质就好、热爱体育，一体检就通过了。这下，朱祥成又穿上了军装去当兵。因为是高中生，刚到部队就被分配在营部做通信兵。刚入营的新兵每天都要集训、列队、去靶场练习打靶，有位首长特别留意了这个踏实、勤奋又有文化的小伙子。一连三天，首长每天都问朱祥成："小伙子，你是不是高中在读生啊？"朱祥成的回答很肯定："是的，我是高中在读生。"一再的问话得到确认的答案后，首长找他谈话，说："你不要当兵了，你是高中在读生，你要回原学校去念书。"

为响应国家教育部政策，这次应召入伍的在读高中生又全部返回原学校继续就读，准备参加高考。那段时光，全团数百名各地征集的在读高中生被集合在一起学习文化课，几天后，这些半大孩子紧急集合，分批上船，第二天一早回到宁波码头，各自被接走，再送回原学校。

务工不成，当兵也没当成，看来，朱祥成注定就是个"读书人"！

从部队返回学校后，朱祥成才发现功课落下太多，数学、物理、化学、外语都得补课。眼看当年的7月就要参加高考了，虽白天黑夜地补课，仍觉得心里没底，朱祥成对自己说，要参加高考，也要随时准备回去当农民，父母原本就是农民，这也没有什么不好！他的高中老师却很看好他，一边帮他补课，一边鼓励他说："你一定能考上！"

白天要上课，晚上要补课，休息日全部用来学习，但当要报考时，朱祥成还是有些担心自己考不上，毕竟中间有两次中断了学业，后期复习时间也很紧。1959年7月，高考笔试结束后，要填报志愿了，朱祥成说出了自己的担心，学校老师便建议说既然担心考不上，那就报体育学院吧。当时，他在体育方面确实有一些特长，投掷特别好，当兵时手榴弹也投得特别远，但是他自己不想从事体育事业，父母亲也不同意。

父亲的建议是："当医生好，将来可以给人治病。"填志愿时，朱祥成的第一志愿是体育学院，第二志愿便填上了浙江中医学院和其他医学院。说来也巧，当时考完文化课，朱祥成去湖里游泳，脚被湖底的玻璃瓶扎破了，而第二天就是报考体育学院的学生要进行体育加试。朱祥成脚疼得不能跑也不能跳，没法正常发挥，成绩很不理想。他想，这下没戏了，回家当农民吧！可就在其他同学陆续收到各大学录取通知书的同时，他居然收到了浙江中医学院的录取通知书。

直到入学后，朱祥成才知道，1959年，新办的浙江中医学院第一次招收中医学专业本科生，招收120人，当时报考军医大学的体检不合格的、报考体育院校体能不合格的，但学习成绩不错、家庭出身又不怎么好的一部分学生都被选中进了中医学院。

朱祥成的求学经历还真是应验了那句"这个孩子将来是个读书人！"生长在农村却没当成农民，中途弃学去招工，工人没当成，应征入伍当兵也不成，终于还是考上了大学，因父亲一句治病救人的话入了中医这一行。对于朱家人来说，他们更愿意这样解释这段曲折的求学路，那就是朱祥成与读书治学有一种缘分。

第二节　耳濡目染识岐黄

其实，朱祥成学习中医也不算是"突发奇想"。那时山村交通不便，生活贫困，医药落后，村民生了病总得想办法治疗，乡间也有不少在实践中摸索出来的有治病专长的"赤脚医生"，这些医生也深受乡民的欢迎。

比如一位专治蛇咬伤的阿兴哥，每到夏季，被蛇咬伤的人必求诊于阿兴哥。他会帮助伤者清理创口，还亲自上山采来新鲜的草药，捣烂外敷，治愈

了不少伤者，深受乡民的爱戴，在乡间很有名气。

有一位"银针大伯"，最擅长针灸，也很有名气，特别是夏秋间，胃脘疼痛、腹泻、中暑等，一针就好。他还擅长委中放血疗法，朱祥成小时候有一次腹痛，"银针大伯"针灸一番，立即好转，这件事给朱祥成留下了深刻的印象，也影响了他后来的从医之路。

在朱祥成的记忆里，有一位草药医"武康先生"，随身带一本《本草纲目》，经常上山去采药。采来新鲜的药材，都用于给乡亲们治病，效果都非常好，深得百姓信赖。

还有专治疗疮的"采玉先生"，在没有抗生素的山乡用各种自制膏药贴敷治病。

更有一位邻村的"整骨阿婆"，专治小孩子肩、肘关节脱位，但凡小孩子肩肘关节脱位求她救治，经她一"摸"就好，这位"整骨阿婆"也给朱祥成治疗过，整骨疗法之神奇让当时年幼的朱祥成惊叹不已。

这些民间医生，个个有专长，治病有经验，医德好、医术高，给朱祥成留下了非常深刻的印象。当他在父亲的引导下进入中医这个行业时，他的脑海里总会浮现这些亲切的民间医生的身影，他这才发现，原来医生医术的"神奇"，所受到的淳朴乡民的尊敬，这一切早就深埋在他心里了。故而其后立志成为让乡民认可的好医生。

名 师 指 引

第一节　学堂孜求濡经纶

1959年，朱祥成正式进入浙江中医学院。在整整6年的大学时光里，朱祥成系统学习了中医基础理论知识，诸如《黄帝内经》《神农本草经》《伤寒论》《温病学》等经典中医著作及《中药学》《方剂学》等相关知识，全面掌握了专业的内、外、妇、儿、骨伤、针灸、眼、耳鼻喉等各科知识，并进行了大量的教学实习、各科临床实践。

刚入学时，学校办学条件差，没有现存的教材，从基础理论课程到部分临床课程，都是老师自编讲义，亦没有装订成册，每一节课都是先发几页印刷材料，自己收集保存，到一学年结束时，再由学生自行装订成册。朱祥成在校时求知欲望强烈，渴望能学到各种知识，且刻苦努力，他常回忆每天早上起来都会到学校里一个环境很好的小山坡上背书，并自编口诀，便于记忆，中药学必须熟识四气五味、归经、主治及功效等；方剂学按照汤头歌诀背诵，熟记药物组成、主治功用。百日磨剑，一日能用，朱祥成学习目标明确，信心坚定——学好中医，将来是要当一个好医生的。

当时在校授课的老师们都是一批名望极高的中医大家，有院长史沛棠（内科）、何任（金匮）、泮澄廉（伤寒）、泮国贤（中药、方剂、肿瘤）、王慧英（诊断）、吴颂康、罗鸣岐、朱古亭（内科）、马莲湘（内儿科）、詹起荪（儿科）、宋光济（妇科）、叶德络（内经）、马一民（眼科）、高镇五、虞孝贞（针灸）、余步卿（外科）等。老师们授课循序渐进，总能把中医基础理论知识和临床实践经验结合得非常完美。如潘国贤老师教授中药和方剂课时，声音总是抑扬顿挫，慷慨激昂，并且善于运用实

物、实例，授课生动形象，学生们上课时注意力都非常集中，对潘老师讲授的内容也记忆深刻。又如吴颂康老师，教授内科学，特别是对血液系统疾病的研究，临床经验非常丰富。吴老师授课时不苟言笑，他还非常注重门诊处方的书写，书法流畅，规律有序，经吴老师之手的处方可堪称艺术品。又如徐荣斋老师，治学亦是十分严谨，朱祥成曾撰写了一篇中医临床方面的文章，请他修改，他对引用的每一句经典，都要求核对原文，不能出错。叶德铭老师出自中医世家，熟读《黄帝内经》，教授《黄帝内经》条文，深入浅出，叶老师还擅长书法，板书漂亮，下课后常与学生们一起嬉笑活动，一起上场参加球类比赛，与学生们的关系非常融洽。朱古亭老师，内科临床经验丰富，书法遒劲灵活。他曾在家乡长兴、湖州举办过书法展览，留下了很多墨宝。余步卿老师也是杭州著名的中医外科大家，不但医术高超，对待患者态度也是十分和蔼热情，每次诊病结束后，都会起身送走患者。正是这些老师们的言传身教，使得朱祥成明白，一个好的医生不仅要有精湛的医术，更得有高尚的医德医风。

朱祥成在校5年期间，除了系统学习中医基础理论及中医专业临床各科知识外，按教学计划又进行西医基础理论学习，如生物化学、生理学、病理学、人体解剖学、药理学、临床诊断学基础、内科学、外科学总论等。当时学校与浙江医科大学合并办学，授课教师都由浙江医科大学各教研室承担主讲，师资力量雄厚，教学质量同当时的西医院校一样，还进行一段时间的临床教学见习，故而浙江中医学院首届中医专业学生，不仅中医临床知识扎实，亦很好掌握了现代医学基本理论知识，这也为朱祥成今后从事中医临床工作提供了不少诊治思路。

朱祥成在学生时代，学习努力刻苦，各门功课成绩优良，还担任学校学生会文体部长、学生会副主席、班级的团支部委员，思想上也力求上进，在当时主管学生政治思想工作的后风老师和团委书记张菊香老师的指导和关心下，朱祥成在1963年8月加入了中国共产党，从此他更加严于律己，不停鞭策自己，协助学校开展、协调各年级学生的文体活动、生活、学习、生产劳动等自治教育活动，得到学校老师和学生们的一致好评。另外，每逢寒暑假，朱祥成都要带着针灸器具，回乡给本村及邻村的乡亲们治病。有腰腿痛、步行不利的乡民，给他们用银针扎一扎，效果都还不错。每次放假回家，乡亲们远远地看见他，就会打招呼说，那个会治病的大学生回来了，附近的乡民们奔走相告，对朱祥成甚是喜爱。

第二节 负笈承训黄莘农

通过学校内5年中医基础理论及各科临床实践教学后，按照学校统一安排的计划，开始进入临床实习，学校当时为这批第一届中医本科专业的学生实习，也做了精心的安排，特地在全省各地市县及外省，有目的地挑选了一批各专业不同的名老中医作为临床实习的带教老师，包括内、外、妇、儿、喉、眼、针灸等科。大部分的学生都选择了中医内科、外科等大科，当时学校领导私底下找朱祥成谈话，谈到学校五官科没有什么过硬的人才，还总是要请外地老师到学校授课，所以想安排朱祥成到无锡中医医院喉科去实习并征求他的意见。朱祥成听后毫不犹豫，欣然接受学校的安排，师从江苏无锡市中医医院中医喉科名医黄莘农先生。

黄莘农，江苏无锡人，幼承祖传喉科医术，20世纪40年代随父于无锡西河头悬壶，幼遵祖训，发扬开创，形成了自己独特的中医喉科医疗特色和学术思想，黄老对中医喉科吹药的临床应用和研制是黄氏喉科的一大特色，可谓独一无二，在喉科疾病整体治疗的同时，配合外治吹药，使药物直达病所，迅速取效，应手而愈，在无锡有极高的声望和知名度，大量患者慕名而来。另外，黄老还有治疗声音嘶哑、失音的家传秘方响声丸，后经大量的临床实践、药理实验，研制成黄氏响声丸，应用于临床。

朱祥成于1964年8月来到无锡市中医医院实习，跟随黄莘农先生整整一年，他认为名师难得，一年时间非常宝贵，只争朝夕，可谓废寝忘食，早上班，迟下班，周末加班加点，假期亦不休息。每天上班，朱祥成一定是最早到的那个人，把诊室打扫得干干净净，为黄老提供一个舒适的接诊环境。朱祥成跟诊期间整日勤学苦练，每天抄方磨药，精研细揣，日复一日，学习认真，天天有记录，一周一小结，及时送批改，深得黄老喜爱与信任。后黄老每逢外出诊治或会诊时都会让朱祥成跟随左右，朱祥成很快成了黄老的左膀右臂。在朱祥成侍诊期间，为了掌握更多知识，他辗转于药房、书屋，功夫不负有心人，短短一年中就学到并掌握了黄老中医吹药独特的"选药、炮制、配伍、磨研、测色"等"神功"，切实掌握了黄老对喉科患者因人而异、辨证应用吹药的精髓，并为其之后对中医喉科吹药的研究奠定了理论基础。

朱祥成在侍诊黄老的过程中发现，黄老每天诊治30～40位患者，但复诊

的患者很少，可见吹药的临床疗效甚好。前来就诊的患者，黄老必配外用吹药，内服汤药最多只给3剂。黄老给每位患者的吹药，都是根据患者的不同症状、局部的病理变化，结合全身症状，当场配制，然后交由学生研磨成吹药，再交给患者，教予患者使用吹药的方法。

　　黄老的吹药都是一人一方，辨证加减，药量变化，灵活应用，变幻莫测，初学者好似云里雾中，不易掌握。朱祥成为了学习、掌握其精髓，养成了"眼看、心记、手勤"的好习惯。跟诊时，先是记录患者诊断、症状、局部症状变化，如急性咽炎、慢性咽炎、急性扁桃体炎、慢性扁桃体炎、化脓性扁桃体炎、口疮、口糜等。其次熟识黄老所常用各种药物，分别储存的药瓶、药罐，观察老师对不同疾病，配什么药，配药时从什么药瓶取药，拿取量多少，立即手记或心记。每日整理笔记，一周作一次总结，持之以恒，慢慢地也就不难搞清每个疾病的吹药方组成和其辨证加减用药的情况。再次要掌握黄老的每个吹药方中每味药用量是比较难的，老师配药时常看药物颜色的变化，朱祥成只好细心观察，如吹药配制时有一个基本方，由两味药组成：西月石和腰黄，颜色一白一红，和药时看其颜色而至，为此反复进行配比尝试，先把西月石量固定，然后一点一点加入腰黄，得到老师肯首，同样把腰黄用量固定，再慢慢加入西月石磨研，亦得到老师的认可，多次反复进行，就可得出此二药的具体比例。对于掌握每味药的用量问题，朱祥成也是通过日久观察，动手实践，每味药物，都用天平称量，一匙是几克，二分之一匙是几克，三分之一匙是几克，四分之一匙、五分之一匙是几克，记忆在脑海中，跟着老师配药时，手勤记录，而后小结，最终得到满意的结果。

　　吹药对于众多咽喉疾病的治疗效果都很好，其炮制也非常关键，当时无锡白喉病患者比较多，大多入住传染病医院，都会邀请黄老去会诊，给予吹药，喷几次吹药之后，白膜很快就会消退。在治疗白喉的吹药方中，黄老必加煅人中白，且必亲自煅制。在煅制过程中，不能太过，也不能不及，存性即可。首先要挑选块大而厚实的人中白，在水中浸泡半年到一年，期间几次晾晒，然后再浸泡，最后在碳火中煅制。煅制过程，需密切观察其在碳火中的透亮度变化，不能太过而使其呈白色，亦不能不及而使中心呈暗黑色，煅烧后置于瓦片上冷却，研磨后呈青灰色，无臭味方为上品。

　　朱祥成在无锡通过短短一年时间的学习，在喉科疾病的诊治方面有了非常大的收获，对吹药这一传统有效的外治法有了初步的了解，也为其后的研究打下了基础。

　　从无锡回来后朱祥成又收集了大量喉科吹药的文献资料，结合侍诊黄老的临床实践经验，不断总结，并定期同黄老交流心得，渐渐地朱祥成对喉科吹药的临床应用也有了更深层次的理解。随后，卫生部指定无锡市中医医院为中医喉科学习中心，黄老每一次举办学习班，都必邀朱祥成去主讲喉科吹药的运用课题。

第三节　融贯衷中参西路

　　1965年，朱祥成从无锡市中医医院回到浙江中医学院后，为期6年的本科学习才算是正式结束，勤奋好学、成绩优秀的朱祥成直接留校任教，教授本科生课程。自1956年起教育部在北京、广州、上海、南京、成都成立了第一批中医学院，重点培养高级中医药人才，1958年开始部分中医学院成立中医喉科教研室，从事喉科教学及临床。1960年及1964年由广州中医学院主编了全国中医院校试用教材《中医喉科学讲义》，学校教师们也只主讲咽喉及口齿疾病，鼻部、耳部疾病均未纳入其中，随着学科的发展，单单只对喉科疾病进行认识，已无法满足临床教学需要，遂于1975年出版了第三版教材《五官科学》（其中分眼科学、耳鼻咽喉科学、口腔科学三部分），直至1980年才正式出版第四版教材《中医耳鼻喉科学》。

　　留校后的朱祥成在学院的支持下还在当时的浙江中医学院门诊部开设中医耳鼻喉科门诊。随着门诊临床工作的开展，朱祥成逐渐发觉，无论是在学校还是在黄莘农先生那里所学的知识都相对传统和局限，在门诊给患者看病时遇到的一些问题也未能悉数解决，这让朱祥成开始渴求新的知识来不断充实自己。

　　1970年，机会来了！朱祥成抓住浙江中医学院与浙江医科大学合并办学的机遇，到浙江医科大学附属第二医院耳鼻喉科门诊和病房进修了一段时间。正是这段经历，才真正开启了朱祥成的"中西医结合"治疗耳鼻喉科疾病之路。

　　相对于当时一些中医、西医医生互相攻击，各道己长而言他人之短，朱祥成认为，不论中医学还是西医学都是人类的宝贵财富，各有短长。所谓"他山之石，可以攻玉"，虽然中西医体系、诊疗思路不同，但两者是可以互相补充，共同发展的。比如，西医学注重解剖、微观，诊断疾病主要依靠实验室检查及影像学检查，中医学则注重整体、脏腑功能，诊断疾病主要依

靠辨证论治；西医靠视、触、叩、听来判断疾病本质，而中医则靠望、闻、问、切来明析机体状态；治疗原则上西医是对症处理，而中医则是整体调治、辨证施治；西医重视人生的病，而中医则重视生病的人。虽这两者有区别，但都不能说明中医、西医孰好孰坏，而是为医生和患者提供了更多的选择。朱祥成认为，西医的诊断和中医的辨证各有优势，辨病与辨证相结合，可以在更深层次上揭示疾病和患病机体的本质。因此，作为一名中医医生学习西医知识能更好地为中医所用，一如名医施今墨先生曾言"中国医学，古奥玄深，寿世保民，已具有数千年悠久之历史。诊断治疗之法则，善用之者，往往得心应手，绳之以今日实验医学，则知其意义亦复近似……宜亟以科学方法阐明之，讲通之，整理而辑述之。若者可用，用之；若者可弃，弃之。是非得失，详慎审定，庶几医学日进""中医改进之方法，舍借用西医之生理、病理以互相佐证，实无他途"。因此，朱祥成从来不排斥患者做相关的西医学检查，反而认为中医医生要大胆使用现代诊疗新技术为中医临床服务，不断吸收西医学诊疗技术，借助西医学检查明确疾病诊断，以进一步了解疾病的病因，增加辨证的准确性和用药的有效性，最终以提高临床治疗效果，也可以有效减少临床治疗上的风险。例如，鼻窦炎患者可借影像学检查结果以明示其为慢性鼻窦炎或是霉菌性鼻窦炎，在采用中医治疗时就可以考虑使用不同剂量和效力的中药，由此指导中医的辨证组方用药。

当时浙医大附属第二医院耳鼻喉科主任是蔡钺候，在该院进修期间，蔡主任及科室其他老师对朱祥成都照顾有加，因朱祥成勤学好问，一有机会，他便向科室老师们请教西医耳鼻喉科专业知识，老师们也放心地让他参与一些门诊常规诊疗操作或小手术，偶尔还可去病房在老师指导下参与各类手术操作，短短几年收获颇丰，专业水平也有了极大的提高。如第一次在蔡主任指导下，在门诊进行了扁桃体挤切手术，从未做过手术的朱祥成，心里总有点害怕，但蔡主任在旁不断鼓励，最终顺利地完成了两侧扁桃体挤切术。后期他还逐步掌握了鼻息肉、声带息肉切除等手术。

在他学习西医耳鼻喉科知识期间，蔡主任也非常重视中医，热爱中医，支持中医，亦常组织科室同事学习中医知识，常请朱祥成在科室讲授中医耳鼻咽喉科常见疾病的中药治疗方法，并邀请朱祥成参加全国和浙江省内西医耳鼻咽喉科学术活动，使他接触了很多全国和浙江省内著名的西医耳鼻咽喉科的学者，学习和了解了西医耳鼻咽喉科的学术进展及各种先进的治疗技术，吸收了大量的西医耳鼻咽喉科新知识。因朱祥成在浙医二院耳鼻咽喉科学习期间表现优秀，蔡主任还委托他参与了科室实习生的带教工作。

在浙医二院进修期间，朱祥成虚心向西医同行学习，仔细钻研西医耳鼻咽喉科的临床知识，苦练临床操作，加上扎实的中医基础，并将平时所积累的中医经验应用于临床诊疗工作中，中西医结合，取得了非常好的效果，也深得医院科室领导和同事的认可及信赖。直至1974年8月，两校重新分开办学，朱祥成才结束为期4年的学习重新回到浙江中医学院。

第三章

声名鹊起

第一节　从医执教齐并进

　　1974年，朱祥成进修结束归校后，考虑到当时浙江省中医耳鼻咽喉科发展缓慢、人才紧缺的现状，他立即意识到要想将中医耳鼻咽喉科发展壮大起来，单打独斗肯定是不行的，必须要建设起一支队伍来，便又在学院的支持下马不停蹄地筹建了五官科教研室，同时开展了教研和临床工作，为培养中医耳鼻咽喉科专业人才而不懈努力。

　　为了促进学科发展，卫生部于1974～1988年先后委托了广州、上海、南京中医学院共举办十期全国中医耳鼻咽喉科师资培训班，1974年朱祥成参加了于广州举办的第一期全国师资班，当时是全国著名的中医耳鼻咽喉科王德鉴教授亲自主办、主讲，全面系统地讲授了中医耳鼻咽喉经典及基础理论，并组织学员临床见习，观摩试讲，使参加师资班的学员对中医耳鼻咽喉科理论和各个疾病辨证治疗有了很大的提高。

　　1974～1987年，朱祥成一直在浙江中医学院五官科教研室及门诊部，勤勤恳恳从事教学及临床门诊工作。

　　在十余年的基础教学工作中，朱祥成十余年如一日，备课一丝不苟，每次授课之前，都要根据教学对象、教学大纲的要求认真编写授课提纲和教案。朱祥成课堂讲授的每一个病证概念都非常清晰，层次分明，重点突出，并且根据门诊典型病例，理论联系实际，给学生讲授具体病证的治疗。他还非常重视对学生临床实践的指导，使学生理论与实践结合，学以致用。当时，朱祥成白天给学生授课、给门诊患者看病，晚上查阅医籍解决白天门诊遇到的棘手问题，还要抽时间编写教案、总结经验、分析不足，读书、教学、临证三不偏废，废寝忘食，常常工作至深夜。

在教学中，朱祥成言传身教、诲人不倦，对学生严格要求，循循善诱，既传授知识，又春风化雨，他常常告诫学生，要坚定学习中医专业的理想，并且扎扎实实打好中医基本功，扎根深厚，枝叶才可繁茂。朱祥成凭借深厚广博的知识底蕴，授课深入浅出，旁征博引，将自己丰富的临床经验毫无保留地教授给学生，深受学生的爱戴和好评。

朱祥成不仅严格律己，而且同样以高标准、严要求来对待教研室的其他教师，如王永华、丛品、郑沙盟、赵荣祥、魏炯洲、陈刚、陈国孝等都被朱祥成一丝不苟的教学精神影响着。朱祥成经常强调教师是"传道授业解惑者"，医生是"悬壶济世、解除病患疾苦者"，不管是教书育人或是治病救人，都必须要博览群书、夯实基础，既要有广博的知识，还要有科学的思维方法，否则，于教师而言，会误人子弟；于医生而言，会失治误治。所以，朱祥成要求他们必须要博览古籍、熟读经典，如《黄帝内经》《难经》《伤寒论》《金匮要略》等，除此之外，还要重视基础，如《汤头歌诀》《药性赋》《濒湖脉学》等著作。朱祥成始终认为经典、基础性著作中的条文，都是古代医家从大量病例中总结出来的精华，是中医理论的源泉，只有熟记才能活用，必须精研细读，悟其精髓，才能触类旁通，举一反三，使得临床诊治辨证有法，临证有据。朱祥成还强调，研读经典后要善于分析总结，并加以应用，所以要求这些老师写读书笔记、读书心得，读过的书必须要下功夫精钻细研，理论联系实际，推敲琢磨，如此才能真正增进学识，提高医术。

1984年，浙江中医学院受到浙江省卫生厅的委托，对朱祥成委以重任，由他牵头举办了浙江省第一期中医耳鼻咽喉科进修班。当时这批学员共18名，他们来自杭州、温州、金华、湖州、余姚、开化、武义等14个市县的各中医院。朱祥成教授悉心备课，倾囊传授，通过中医基础、中医古文等基础课的教学，中医喉科专业系统理论的学习，喉科专题讲座及临床实习，使得这些学员对中医喉科有了更详尽、更系统的了解和学习，他们在结业后也都从事了中医喉科专业工作。朱祥成为培养浙江省中医耳鼻喉科骨干人才做出了重要贡献，也为扭转浙江省中医喉科医师后继乏人、中医喉科医术面临失传的严重局面做出了重大贡献。

1987年起，浙江中医学院联合浙江中医学院附属医院（即浙江省中医院）实行医教合一，当时有教师编制的各临床教师都进入浙江省中医院的相应科室参与临床工作。朱祥成受命担任浙江省中医院五官科教研室主任兼中医系

主任。

朱祥成担任教研室主任多年间，他深知教学质量的关键在于教师，并且教师的教学方法对于提高教学水平有着非常重要的作用，因此朱祥成非常重视教学方法的探讨与研究，在担任教研室主任期间，他经常组织本教研室教师开展试讲及教学方法研究，并举行备课、讲演比赛。科室里的每一位老师都要仔细准备教案，到讲台上讲课、评比，再由朱祥成予以逐一点评。最后，朱祥成结合自己的实践体验，从如何备课、编写讲稿，如何组织课堂教学等各个方面向教研室教师传授教学经验和教学技巧。另外，朱祥成还要求，教师们要不断学习，提升自我，教学内容也要及时补充和更新。为了提高教研室老师们的学术及教学水平，朱祥成还送他们到外地的专业学习班进行学习交流。

第二节　获评名医得嘉定

长期教学经验的积累，临床工作的反复磨炼，朱祥成教授的临床诊疗技术日益精湛，并始终坚持中医的诊治特色，更重要的是，他始终秉持一颗"医者仁心"，对患者高度认真负责。每次看病，他都要详尽询问病史，仔细查体分析，审证求因，辨证论治，处方用药力求精炼，并且对患者常怀怜悯之心、博爱之情，急患者之所急，忧患者之所忧，深得患者及家属的赞誉。

1979年2月，有位46岁的女工人，患扁桃体周围脓肿，于当地医院行切开排脓术后一年余，咽喉疼痛、吞咽不利反复发作，已先后使用过多种抗生素，但症状仍有反复，转诊肿瘤医院行各项检查无殊，后又辗转多家医院行创口探查，均未发现异常。经同事介绍尝试中医治疗，遂来朱教授门诊就诊，朱教授接诊后，行局部检查：患者张口时有恶臭，左侧扁桃体色红、肿胀明显，悬雍垂被推挤至右侧，左侧扁桃体前上方原切排创口未愈，挤压时仍有清稀脓液溢出，左侧颈部呈假性强直，转颈时疼痛，舌淡苔薄白，脉沉细无力。且患者因持续咽痛，每日只能进流质食物，可见其形体消瘦，面色苍白。朱祥成诊查完后辨病为喉痈，认为患者属病久体虚，气血不足，透毒无力，致邪毒滞留，疮疡不收。遂以处方十全大补汤补益气血：生黄芪15g，炒党参9g，赤芍9g，茯苓9g，川芎9g，炒白术9g，熟地9g，当归9g，甘草9g，肉桂3g，同时配以炮山甲9g，皂角刺6g，忍冬藤30g，生米仁30g，连翘12g，以助十全大补汤消痈溃坚、托毒排脓，服3剂。并嘱忌食辛辣刺激之品。二诊时，患者咽部疼痛大减，吞咽亦舒，可进稍硬食物，检查见左侧扁桃体色红减轻，周围肿胀亦退，创口脓液减少，苔薄质淡，脉转有力。症有转机，宗原方加白芷增强透脓之功，服7剂。三诊时患者咽喉疼痛已去，吞咽不痛，精神转佳，颈部可转动自如，苔薄白，脉细。咽部检查：左侧扁桃体已不红，周围肿胀亦消，前上方创口深处见有灰黑色点状物露出，即用枪镊钳取，先后取出4条橡皮引流条。朱教授判断患者邪毒已去，气血渐复，治以前方加浙贝9g，野菊9g，服5剂。四诊左侧扁桃体周围肿胀已消，创口清洁，未见溢脓，但未收口，吞咽无碍，唯大便溏薄，日行3次，苔薄白，脉细。治以原方佐健脾和胃之药，使纳谷旺盛，以助气血之恢复，生长新肌，加速收口。处方：生黄芪15g，炒党参9g，炒白术9g，茯苓9g，米仁30g，炒山楂12g，甘草3g，焦六曲9g，肉桂3g，浙贝9g，连翘12g，炒黄芩6g，茜草9g，白芷3g，忍冬藤15g，服7剂。后于1979年7月对患者进行随访，诸症消失，咽部查体亦无殊。

在交流这个案例时，朱祥成教授认为，临床上扁桃体周围脓肿经切排后再配以药物治疗，症状皆可较快得到缓解，然本患者迁延不愈达一年之久，其病日久，形体消瘦，面色苍白，流脓清稀，久不收口，苔薄白，脉沉细无力，中医辨证皆为正虚气血不足，祛邪无力，邪毒滞留之象，治疗以扶正祛邪，托毒外出，应用十全大补汤加减，收效迅速。在托毒外出过程中使病变部位肿胀消退，脓液渐清至脓尽，以致扁桃体内异物被透托露出创口，除去异物后，再稍加调理，完全治愈。朱祥成教授猜测，患者首诊医生在为其扁桃体切开排脓后，为防止创口闭合、引流不畅，予放置引流条，复诊时误以为引流条脱落，又多次重置。朱祥成教授常以此病案对学生进行教学，告诫他们耳鼻咽喉科临床工作者对任何患者都应仔细认真，容不得半点马虎。后朱祥成教授在全国中医耳鼻咽喉科学术会议交流时也总结汇报了此例病案，得到全国中医院校教师的重视，成为他们的教学实例。

还有一次，有一位慢性鼻窦炎患者前来就诊，诉其常年头痛、鼻塞不通畅，流脓涕，且带有臭味，已行鼻窦CT检查示全组副鼻窦炎，且双侧上颌窦有团块样高密度影，考虑霉菌性鼻窦炎，按照常规需进行手术治疗。患者辗转多家医院后得到的建议都是需要手术，因其惧怕手术，遂来朱教授处寻求中医治疗。朱教授仔细查看患者的鼻窦CT片后，考虑其病情较重，中药治疗效果可能不明显，也建议患者手术治疗。然患者对中医医生也建议手术治疗颇有微词，强烈要求朱教授给他用中药治疗。朱教授不好推脱，这才应允患

者，四诊合参，详细辨证，对症立法，开具处方，并叮嘱患者预防感冒，调整起居饮食。通过一段时间中药的整体调治，患者再来复诊时觉鼻塞症状明显缓解，且流涕已无异味，于是继续服用中药治疗，连续治疗3个月后复查鼻窦CT时，双侧上颌窦高密度团块影消失，继续服用中药治疗一段时间后，症状完全消失。患者喜不自禁，逢人就夸赞朱教授医术高超，治好了他的顽疾，使他免受手术之苦。

因朱祥成教授医术精深，医德高尚，很快声名鹊起。1997年，为响应浙江省卫生厅、浙江省人事厅"九五"期间"为继承发扬名中医药专家的学术经验，树立中医药界的楷模，进一步振兴浙江省中医药事业，造就新一代名中医"的号召，经省级医、教学、科研单位的推荐，并且通过专家评委从基础理论水平、临床经验、专科特色、带教能力、科研成果、著作论文、医德医风、所获荣誉称号、社会知名度、专利及从事本专业工作年限等12个专项的综合评审，朱祥成教授被浙江省人民政府批准成为浙江省名中医，此为中医药行业和社会对朱教授几十年勤恳的工作、丰富的临床实践经验和高超的学术造诣的高度认可。同时朱祥成教授也是浙江省第一位获得中医耳鼻咽喉科教授、主任中医师职称者。

朱教授在荣获"浙江省名中医"称誉后，更加感到肩上责任重大，在其之后长期的医疗实践、教学过程中，不仅更加注重自身专业水平的提升，还以培养合格的中医耳鼻咽喉科高级人才为己任，在他的主持下，浙江中医学院耳鼻咽喉科在1997年成为浙江省高校B类重点扶持学科，1998年被批准为中医耳鼻咽喉科硕士学位授受点，并作为学科带头人，开始培养中医耳鼻咽喉科硕士研究生。

朱教授在其执业生涯中曾先后担任浙江中医学院耳鼻咽喉科教研室主任、浙江中医学院中医系系主任、浙江省中医学院中医系总支副书记，兼任附属医院党委副书记、浙江中医学院院务委员会委员、浙江中医学院学术委员会委员、浙江中医学院耳聋康复研究所所长、浙江中医学院学位评定委员会委员、浙江省名中医研究院研究员等行政职务，他为浙江省中医耳鼻咽喉科的学科发展及专业人才的培养都做出了巨大贡献。

第三节　术专业精声望高

朱祥成教授精研岐黄，医理娴熟，学验俱丰，精通中医经典，善用经典理论指导辨证，坚持中医诊治特色，能灵活运用经方，注重总结用药经验，且用药灵活。在临床上治疗耳鼻咽喉科各种疾患时收效甚好，在患者中声望很高。

在临床上的常见病、多发病方面，朱教授积累了十分丰富的经验，如急慢性咽喉炎、声带息肉、声带小结、声带肉芽肿、过敏性鼻炎、慢性鼻炎、慢性鼻窦炎、耳鸣、耳聋、分泌性中耳炎、慢性化脓性中耳炎等疾病，具有其独到的见解，丰富了中医耳鼻咽喉科的辨病与辨证论治，并形成了一些不可多得的经验方。如其治疗急慢性咽炎的解毒清咽汤、养阴利咽汤、利咽祛邪汤；治疗声嘶的益气养阴汤；治疗声带息肉、声带小结、声带肉芽肿的益气开音散结汤、逐瘀开音汤、清肺消瘤汤；治疗梅核气的理气化痰汤；治疗慢性鼻窦炎的黄芪内托解毒汤、清肺通窍汤、温肺固卫汤；治疗鼻出血的清热凉血汤；治疗分泌性中耳炎的健脾渗湿通窍汤；治疗耳鸣耳聋的滋养通窍汤、健脾益肾止鸣汤、平肝通窍汤等。

朱教授在外治法方面，尤其对喉科疾病的外治法也颇有研究。朱教授于1988年主持举办了"全国首届喉科吹药配制、临床运用及现代研究"进修班，受到全国中医耳鼻咽喉科工作者的重视。通过临床实践，总结了"喉科吹药的治疗作用""喉科吹药的用药规律""喉科吹药配制、药物选择加工炮制"等经验，并对验方"喉症消痛散"治疗咽喉疾病进行疗效观察。结论显示吹药"喉症消痛散"有清热解毒、消肿止痛的作用，对咽喉部急、慢性炎症都有比较明显的疗效。朱教授认为耳鼻咽喉疾病运用外治方法可以补助内治法的不足，整体调治结合局部外治而迅速取效。但对局部外用药物特别是咽喉的吹药运用亦应和内治法一样，必须根据不同的临床症状，进行寒热虚实的辨证，外用药物的组成配伍及药量亦应辨证加减，才能应手取效。咽喉部局部病变症状不同，而选择功用主治不同的吹药方，朱教授这些局部外治临床经验都立足于整体调治、辨证论治观念，其对中医喉科吹药的继承、发扬、临床应用和研究都做了很多贡献。案如：吴某，男，35岁。因咽喉疼痛，吞咽不利，伴发热1天，于1988年5月11日由某医院耳鼻咽喉科诊为"急性会厌炎"，治疗3天后无明显好转。患者会厌肿胀，会厌左侧舌面见有溃疡，考虑恶性肉芽肿，建议行病理切片检查，患者畏惧而前来寻求中医治疗。5月14日初诊时，诉发热，咽喉疼痛有紧迫感，吞咽不利，汤水难下，语言困难，声音嘶哑，痰多稠黏，小便黄赤，大便干结。检查见咽黏膜充血明显，悬雍垂肿胀，会厌及杓区黏膜皱襞急性充血水肿，会厌

左侧舌面见0.5cm×0.5cm大小溃疡面，表面色白。左侧下颌下淋巴结肿大，体温39℃。血常规示白细胞计数11.0×10⁹/L，中性粒细胞百分数85%。舌质红，苔微黄，脉弦数。诊断为"紧喉风"，证乃火毒在表未解，壅滞郁结于里。治宜清火散结，解毒利咽。处方：银花、连翘、白花蛇舌草、土茯苓、蚤休等清热解毒；牛蒡子散邪、祛邪从表而出；玄参、炮射干、浙贝利咽化痰；黄芩清上焦之热；瓜蒌、川连清下焦之火；甘草利咽解毒，调和诸药，服4剂。另配验方消肿散6g（雄黄、硼砂、黄柏、甘草、白芷、冰片等药），每1～2小时吹喉。5月18日二诊，服药后咽喉疼痛明显减轻，紧迫感消除，能吞咽，言语亦清，咽部红肿明显好转，会厌肿胀见消，溃疡面缩小为0.3cm×0.3cm大小，大便通畅，小溲仍黄，血检及体温均恢复正常，苔薄白，脉弦。再守原法，上方去牛蒡子，加赤芍、炒谷麦芽，服7剂。嘱外用消肿散，每2～3小时吹喉一次。5月25日三诊，诸恙见瘥，咽喉已无不适感，饮食正常。咽黏膜红肿消退，会厌肿胀已愈，溃疡面基本消失，唯小便仍黄，苔薄白，脉弦。此为余邪未净，恐复燃。再予原方7剂及外用消肿散6g，每隔3～4小时吹喉一次，以巩固疗效。

　　1988年在广州还举办了全国喉科名医培训班，邀请了张赞臣、干祖望等著名的、德高望重的老前辈给全国的耳鼻喉科医生做讲座、培训。张赞臣，名继勋，以字行，晚号壶叟。江苏武进蓉湖人。世操医业，家学渊博，幼承庭训，受其父伯熙公教诲，在医学方面奠定了坚实的基础。精晓内、外、妇、儿、五官各科，兼擅大小方脉，且尤以外、喉科见长，临床诊疗强调"五官疾病整体论"，首倡"舌下经脉诊察法"，注重"咽喉局部望诊""鼻衄衄色辨证"等。治疗上，创制了"金灯山根汤""养阴利喉汤""前胡玉屏汤"及外用"喉科牛黄散""银硼嗽口液"等多种喉科验方。干祖望，1912年生于江苏省金山县张堰镇（现属上海市），是我国著名中医耳鼻咽喉科学家，中医现代耳鼻咽喉学科奠基人之一，南京中医药大学教授。干老学验俱丰，擅治耳鼻咽喉科、口腔科等疑难杂病，他首先创立中医耳鼻咽喉科"中介"学说，脱"三因"窠臼；倡"四诊"为"五诊"，调整"八纲"为"十纲"，发现了"喉源性咳嗽"和"多涕症"两个新病种。在中医耳鼻咽喉科理论与临床方面做出了巨大的贡献。在多位老前辈的带领指引下，培训班顺利举行，并且成立了第一届全国耳鼻咽喉科学学会。当时朱教授还很年轻，前辈们都已经年逾古稀，但朱教授孜孜不倦、勤学好问，一有机会就向老前辈们请教问题，前辈们也都是毫无保留、知无不言，言无不尽。私底下时和前辈们的关系都非常好，可谓是"忘年交"。

朱教授认为局部病变常是整体病理变化在局部的反应，一如《丹溪心法·能合脉色可以万全篇》曰："欲知其内者，可以观乎外，诊于外者，斯以知其内，盖有诸内者，形诸外。"因此，医生在分析耳鼻咽喉病证的病理机制时，不仅需着眼于病变局部的情况，更应重视整体对局部的影响，在治疗疾病过程中，应从整体出发，在探求局部病变与整体病变的内在联系的基础上，确定适当的治疗原则。如朱教授曾治疗一34岁的装修工人，鼻窍发痒、疼痛、流黄水、结痂反复发作2年余，经西药内服、外敷多方治疗均未能获效，临诊时鼻窍痒剧痛甚，不能触碰。鼻镜检查见两鼻前庭充血肿胀明显，表面糜烂渗出，有黄色痂皮，鼻孔周围及鼻翼、鼻尖部皮肤亦充血，苔白而腻，脉滑数。诊断为鼻疳，证属肺脾蕴热，风湿热邪浸淫。治宜清肺化湿、祛风解毒。处方：鱼腥草30g，桑白皮10g，黄芩10g，蒲公英15g，杏仁10g，枇杷叶10g，忍冬藤15g，连翘15g，蝉衣10g，防风10g，白芷5g，茜草10g，赤芍10g，丹皮10g，茯苓10g，地肤子10g，生米仁30g。方中鱼腥草、桑白皮、黄芩、枇杷叶、杏仁清透肺热；蒲公英、生米仁、茯苓化湿；忍冬藤、连翘清热解毒；蝉衣、白芷、防风祛风止痒；茜草、丹皮、赤芍凉血活血，使邪从皮毛而出。患者经服中药1个月而收效。

朱教授在继承先贤的基础上，善于创新，仿古方之意，灵活用药，自拟处方。如他常以自拟方黄芪内托解毒方治疗虚性鼻渊，处方：生黄芪15g，炒党参10g，白芷9g，桔梗10g，生甘草10g，桑白皮10g，茜草10g，忍冬藤30g，连翘15g，鱼腥草30g，黄芩10g，苍耳子9g，辛夷10g，广藿香10g，丝瓜络5g，石菖蒲5g，茯苓10g，生米仁30g。方中生黄芪为主药，具有补气健脾，升阳举陷，益卫固表，利尿消肿，托毒生肌之效；党参、茯苓、米仁健脾利水渗湿；桔梗托毒排脓；鱼腥草、桑白皮、黄芩、连翘、生甘草清肺热解毒；忍冬藤、茜草、丝瓜络祛瘀活血和络；白芷、广藿香、石菖蒲芳香祛邪通窍，清利鼻窍；苍耳子、辛夷为治鼻专用祛风通窍药。诸药组方合用具有健脾益肺，益卫固表，内托解毒，清肺通窍功能。朱祥成教授临证每遇肺脾两虚，邪留鼻窍所致的鼻塞头痛、浊涕不止等症，常以黄芪内托解毒汤加减投用，随症加减应用，收效甚佳。

朱教授认为一些慢性病病程较长，如耳鸣耳聋，治疗时很难在短时间内起效。所以，在治疗初期应与患者进行积极有效的沟通，让患者树立信心，使之能坚持较长时间的药物治疗。在治疗过程中，一旦经过准确辨证、立法

处方后，要做到效不更方，即药后患者已见效，在近期主要病机变化不大时，可守方继服。或不效不更方，即用药后短期未见效，但经详审，药证相符，证机相投，药后虽未见效，但患者无不适反应，为疗效正在反应阶段，应守方继续服用。

朱教授潜心临证、教学的同时，还非常注重同道间的学术交流，积极参加省内及全国性的学术会议，作学术演讲、发表会议文章。如"周围性面瘫不同阶段的辨证治疗"（1991年全国中医耳鼻咽喉科第四次学术大会发言）、"中医喉科烙法概述"（1991年全国中医耳鼻咽喉科第四次学术大会交流）、"龙珠含片治疗咽喉疾病的疗效观察"（1995年全国中医耳鼻咽喉科第六次学术会议大会宣读）、"加强中医耳鼻喉科队伍的建设和加速人才的培养"（1999年10月，全国中医耳鼻咽喉口腔科学术会议）、"耳聋中医药研究进展及中医药疗效评价"（2000年浙江省中医耳鼻咽喉科学术会议，中西医结合耳聋的防治与康复）、"全国中医耳鼻咽喉科学术进展——宁波会议概况及体会"（2000年浙江省中医耳鼻咽喉科学术会议，中西医结合耳聋的防治与康复）、"肾与听力中医理论及研究进展"（2001年10月，全国中医耳鼻咽喉口腔科学术会议）、"鼻阻塞的中医药治疗理论与实践"（2004年4月，浙江省中西医结合耳鼻咽喉科第二次学术会议）、"耳鼻咽喉科中医治疗法则和应用"（2006年4月，浙江省中西医结合耳鼻咽喉科第四次学术会议）、"祖国医学对声音嘶哑的辨析与常用方药"（2008年4月，浙江省中西医结合耳鼻咽喉科第六次学术会议）、"耳鸣——中医对策"（2007年5月，浙江省中西医结合学会耳鼻咽喉科学术年会）、"中成药的辨证运用和中药的毒副反应"（2011年8月，世中联耳鼻咽喉口腔科第三次学术会议暨中华中医药学会耳鼻咽喉科分会第十七次学术会议）、"中医耳鼻喉科临床治疗经验杂谈"（2012年10月，浙江省中医药学会耳鼻咽喉科学术会议）、"益气散结法治疗声音嘶哑验案"（2013年8月，世中联耳鼻咽喉口腔科第五次学术会议暨中华中医药学会耳鼻咽喉科学术会议）、"内托解毒法治疗慢性鼻窦炎"（2010年9月，中华中医药学会耳鼻咽喉科第十六次学术会议）、"以通为用的理念与耳鼻咽喉科临床实践"（2015年9月，中华中医药学会耳鼻咽喉科第二十一次学术年会）、"治疗耳鸣体会"（2016年6月，浙江省中医学会耳鼻咽喉科分会学术年会及2016年4月，浙江省中西医结合耳鼻咽喉科分会第十四次学术年会）、"黄莘农先生中医喉科学术思想及经验"（2016年11月，江苏省无锡市中医医院黄氏喉科疗法流派暨中医喉科学习研修班。国家中医药继续教育项目）、"中医耳鼻咽喉科外治法临床与评价"（2017年浙江省中医学会耳鼻咽喉分会学术年会）。

朱祥成教授术业精、声望高，其在中医耳鼻咽喉科的基础研究、继承及发扬方面做了很多贡献。从医六十载来朱教授先后担任过浙江省中医药学会理事、浙江省中医药学会外科分会副主任委员、浙江省中医药学会耳鼻咽喉科分会主任委员、浙江省中西医结合学会耳鼻咽喉科专业委员会顾问、中华中医药学会耳鼻咽喉科专业委员会副主任委员、世界中医药学会联合会耳鼻咽喉口腔专业委员会常务理事、世界中医药学会联合会耳鼻咽喉口腔科专业委员会顾问、《浙江中医药杂志》《中国中西医结合耳鼻咽喉科杂志》编委。现仍被聘为浙江省中医药学会耳鼻咽喉科分会名誉主任委员、中国中医药学会耳鼻咽喉科专业委员顾问、世界中医药学会联合会耳鼻咽喉口腔科专业委员会顾问、浙江省名中医研究院研究员。

第四节　临耕不辍六十载

自2001年从学校办理退休后，朱祥成虽不再担任行政职位，但仍十分关心中医耳鼻咽喉科教育事业的发展及人才的培养，直至2012年还主动承担了研究生的教学任务，负责研究生的授课和临床带教工作，并悉心指导学生撰写、发表论文等。作为一名"传国粹守本心"的老中医，朱祥成对学生提出殷切的期望，时刻提醒学生们必须坚定学习中医的理想信念，刻苦钻研，坚持不懈，努力成为"大医"，并为继承、发扬中医事业终生奋斗。

如今的朱祥成教授身体硬朗，精神矍铄，思维敏捷，仍孜孜不倦地献身于中医事业。他不仅有高超精湛的医术，又有心系患者的崇高医德，他始终将孙思邈所著之《备急千金要方》中的"大医精诚"奉为圭臬，"凡大医治病，必当安神定志，无欲无求，先发大慈恻隐之心，誓愿普救含灵之苦。若有疾厄来求救者，不得问其贵贱贫富，长幼妍蚩，怨亲善友，华夷愚智，普同一等，皆如至亲之想。亦不得瞻前顾后，自虑吉凶，护惜身命。见彼苦恼，若己有之，深心凄怆，勿避险巇、昼夜、寒暑、饥渴、疲劳，一心赴救，无作功夫形迹之心。如此可为苍生大医，反此则是含灵巨贼。"朱祥成教授常常告诫后学，医道是"至精至微之事"，医者不仅要有精湛的医术，更要有高尚的品德修养，对患者的苦痛能感同身受，进而发愿立誓"普救含灵之苦"。朱教授不避风雨，每周3次的门诊时间从不缺席，对待患者，也

从不分地位高低、经济贫富，总是一视同仁，耐心细致，温声细语，从不讲一句重话，也从不说一句怨言，总为患者仔细查体把脉、分析病因病情、嘱咐用药、告诫注意事项、叮咛复诊，并不厌其烦地回答患者询问的每一个细小的问题。朱祥成教授总说："好多患者都是起早摸黑从周边市区过来的，甚至还有些患者是坐了连夜的火车从外地赶来的，他们来看一次病确实不容易，实在是不忍心让患者带着疑问离开。"所以，朱祥成教授时常提前上班或推迟下班，尽量满足患者的要求，患者再多，朱教授也从不敷衍，有未挂到号的患者要求加号时，朱教授也从不拒绝，再晚，他也要看完最后一个患者才下班，也常常因此顾不上喝水、上厕所。

2018年7月28日，有一位从北京来的女性患者闫某，33岁，从事营销工作。当日凌晨起坐了近7个小时的动车专程赶到杭州找到朱教授。这位患者3年余前采用网络减肥法后出现咽部不适、鼻干、喉间有痰等症状，且需频频清嗓，严重影响了自己的工作和生活，已于北京多家三甲医院就诊，做过相应的鼻内镜、喉镜及鼻窦CT等检查，均未见明显异常。曾使用过数种西药，亦服用过数位中医医师的中药，治疗效果都不甚理想。后经北京某位医师推荐才找到了朱教授，朱教授详细问诊，查体切脉后，发现患者只是一个单纯的慢性鼻咽炎，只因症状长期没有得到改善，导致心理压力过大，甚至有点焦虑。朱教授告知患者病情本身并不严重，不必担心，并耐心对患者进行疏导及健康宣教，给患者开了几贴中药，因为外地患者不便反复来杭就诊，朱教授又给患者留了学生的联系方式，方便患者后期及时交流，根据服药后变化调整用药。

朱教授仁心济世，主张在临床上一定要以患者为中心，以尽快解除患者痛苦为目的，切不可拘泥于中医或西医，强调"两条腿走路"，中西医结合，两者相辅相成。临证时紧扣病机特点，强调辨病与辨证相结合，以中医理论为指导，以临床疗效为核心，以实验检查为参考，结合现代医学知识，在中医学原有理论基础上，辨机求因，因证立法，据法选方，灵活辨治，药到病减，效如桴鼓。如他治疗小儿分泌性中耳炎，因小儿患者就诊时无法准确描述症状，家长代诉时亦有偏差，此时，西医的检查结果，就可作为诊断及判定疗效的辅助依据。同时，在辨证论治基础上，参考检查结果，可更益于针对性地选择药物，使所加药物的性味、功效与治疗大法相吻合者益佳。
案如：宁波6岁男童周某，反复鼻塞、流涕一年余，多次于当地医院就诊，症状仍有反复。家长反映，近三月来男童注意力明显下降，与之交流时其反应稍显迟钝。遂来朱教授处求诊，朱教授行音叉实验示患儿双耳传导性耳聋，后又嘱家长完善声导抗等检查，示双耳声导抗呈"B"型，考虑分泌性中耳炎，遂予黄芪内托解毒汤加减。后朱教授嘱患者进一步完善中耳乳突CT检查。二诊时带回报告示：双侧中耳乳突炎。朱教授后又予调整处方，继服40余剂，诸症皆除。

朱教授从其开始参加工作至今，数十年来常常手不释卷，常念学与年俱进，终生治学不辍，每遇疑难病症，辗转思虑，参查医籍，直至得解。朱教授始终坚信"医海是真正无涯的"，医生需要毕生学习，一个有作为的医生，知识面要广，要博学，而一个有作为的中医医生，不仅要继承前学，还要将其发扬光大，更要创造属于自己的独特理论和技术专长。所以朱教授常常教导后学，要多读书，读好书，勤思考，善总结，不断更新自己的知识，拓宽自己的眼界。即便是退休之后，朱教授仍是勤奋不辍，笔耕不止，还撰写、发表了多篇学术论文，时间精力允许时朱教授还不忘参加历届学术活动，积极与同道交流切磋。

朱教授虽已年近耄耋，但仍觉志尚未达，事尤未竟，仍需奋力前进，方能不负余生。时常叹怀先师黄莘农先生，感念黄老所授喉科吹药之术，又惜其消毒处理不及西药制剂药检标准，未得在临床上大力推广，深感遗憾。

斗转星移，朱祥成教授从20世纪60年代浙江中医学院本科毕业至如今的浙江省名老中医，是他厚德载物、自强不息的情怀和实事求是、严谨创新的精神，使他走过了成长、成才、成名之路。几十年来，他兢兢业业地从事中医耳鼻咽喉科教学、科研、临床工作，在中医耳鼻咽喉科学术领域有深厚的学术造诣、丰富的临床经验、独特的学术思想，也充分发挥了中医专科特色，为培养中医耳鼻咽喉科专业人才，为发展中医耳鼻咽喉科事业，在浙江省乃至全国都做出了贡献。

高 超 医 术

第一节　咽喉科疾病证治

一、审证求因辨咽痛

咽痛是一个症状，范围、意义广泛，咽喉既是呼吸饮食之孔道，又是诸经络循行和交会之处，故外邪的侵犯、脏腑的虚实病理变化都可影响到咽喉，所以咽喉部出现各个疾病，都可以表现咽痛的症状。在《黄帝内经》中有"咽痛""咽嗌痛"，《伤寒论》中有"少阴咽痛"，《诸病源候论》中有"喉痛""伤寒咽喉痛""温病咽喉痛""时气喉咽痛""咽喉肿痛"等，《红炉点雪》中有"火病咽痛""痰火咽痛"，《喉科心法》中有"气虚喉痛""阴虚喉痛""血虚喉痛""痨嗽咽喉痛"等。今朱祥成教授参阅了古人对"咽痛"这一症状的阐述，结合临床实践对咽痛证治加以讨论。

（一）咽痛的病因病理认识

引起咽痛的病因病理，最早在《黄帝内经》中已有阐述，提出"一阴一阳结"，一阴者手少阴心火，一阳者手少阳相火，君相二火经脉并系咽喉，气热则内结，热结则肿。在《伤寒论》中叙述"少阴咽痛"，而少阴咽痛亦是以心肾两脏虚衰为特征的病变，心肾两虚，阴液不足，则可虚热内生，虚火上炎而致咽痛。或心肾阳虚，浮阳上越而致咽痛。或寒邪直中少阴，肾气虚寒，逼其无根失守之火浮越于上，亦令咽痛。在《诸病源候论》中对咽痛病因病理论述更加详细，谓"喉痛者，风热毒客于其间也"，有伤寒传变者，"伤寒病，过经不愈……邪客于少阴之经，毒气上熏，故咽喉不利或痛"；有温病热毒而起者，"热毒在于胸府，三焦隔绝，邪客于少阴之络，下部脉不通，热气上攻喉咽，故有痛或生疮也"；有脏腑内热而致者，"喉咽者，脾胃之候，气所上下，脾胃有热，热气上冲，则咽喉肿痛"；有外邪侵袭脏腑经络不和者，"十二经脉有循颊喉者，五脏在内，而经脉循于外，脏气虚，则经络受邪，邪气搏于脏气，则生热，热乘其脉而搏于咽喉，故令喉痛"。在《太平圣惠方》中提出"咽喉肿痛。皆挟热所为"，除了脾胃有热，热气上冲致咽喉肿痛之外，也指出"脏腑气微"，正气不足，"热气上冲"而虚热，咽喉亦能作痛。在《喉科指掌》中则认为发生咽痛"有风、有寒、有火、有湿、有毒、有虚，或风火相传，或寒湿相聚"等。在《咽喉经验秘传》中认为发生咽痛，"其症虽繁，大要总归于火"，火包括虚火、实火及痰，"火者痰之本，痰者火之标，故言火则痰在其中"。

总结归纳历代医家的论述，结合临床体会可将咽痛的病因病理大致分为以下几类。

1. 外邪搏结

外邪包括六淫之气及温热疫疠等病毒，其侵袭有从皮毛而犯者，有从口鼻而入者，由于咽喉连于肺胃，为气机呼吸之门户、饮食消化之孔道，外邪来犯，咽喉首受其害，正邪搏结于咽喉，而咽喉出现疼痛。

2. 火毒壅滞

火毒之壅滞可由邪热壅盛，由表及里，由肺及胃，肺胃热盛，上蒸咽喉而咽痛。脾胃为仓廪之官，上通咽喉，平素过食辛热、膏粱厚味，蕴热脾胃，则胃之燥火易动，上蒸灼于咽喉而咽痛，此时火热炽盛、咽痛较盛，《景岳全书》说："胃气直透咽喉，故又为阳明之火最盛。"

3. 气滞血瘀

若素体虚弱，反复感受外邪，或情志不舒，饮食失调，或语言用声过多，气机不利，血液运行不畅，日久在局部气血结聚，脉络瘀阻，可致咽喉疼痛。亦可火毒壅盛，气血壅滞，脉络不通，咽喉肿胀而剧痛。

4. 痰浊结聚

由于情志不舒，内伤于肝，肝失疏泄，肝气郁结，可致气滞痰凝，碍于喉间，作肿疼痛。亦可由饮食失节，损伤脾胃，运化失健，痰浊不化，或聚湿生痰，皆可引起咽痛作肿。亦可外邪侵袭，肺失清宣，气机郁阻，或化热化燥，蒸灼肺津而成痰浊壅滞，咽喉干痛。

5. 虚火上炎

虚火上炎，主要可因脏腑虚损，或体质素亏，阴虚则虚火内生，循经上犯咽喉而致咽喉疼痛。

6. 虚阳上越

虚阳上越，可素体虚弱，阴损及阳，或色欲伤精，劳伤过度，阳气受损，或久病误治，阳气亏损，以致真阳不足，虚阳浮越，上扰咽喉而致咽喉疼痛之症作。也可由于肾气虚寒，外邪直中少阴，迫其无根失守之火浮游于上，以致咽痛。正如《医贯》所说："元阳亏损，无根之火，游行无制，客于咽喉。"

7. 气血虚弱

多由于脏腑功能衰退，抵抗病邪能力低下，或平时多语伤气，气血虚弱，不能荣养咽喉，可致咽喉痛而不利。

8. 血热

多由于阳盛之体，或嗜食辛辣厚味，脾胃积热，以致血分蕴积热邪，血随热上冲，热伤血络，迫血外溢，可致咽喉血泡、疼痛。

（二）咽痛的特点

由于引起咽痛的多种原因，以及咽痛的不同情况和性质，临床中可出现不同的特点，而这些特点正是咽痛辨证之中的重要方面。

1. 外邪搏结咽痛

一般在病初起咽痛轻微，不肿，色淡红，或疼痛较重，肿胀而色红，或痛无休止，嗌下更甚。兼见全身发热，头痛，恶寒，咳嗽，苔薄白或薄黄，脉浮数或浮紧等。

2. 火毒壅滞咽痛

一般发病迅速，咽喉疼痛加剧，或咽痛剧烈，痛引耳窍，肿胀色鲜红。或咽痛如刺，或作跳痛，肿处按之坚硬，或按之柔软。兼见全身壮热，口渴，便秘，尿赤，舌红苔黄，脉洪数等。

3. 气滞血瘀咽痛

咽喉疼痛日久，哽哽不利，咽喉干燥，或见肿胀、色暗红。兼见舌质有瘀点，脉细涩等，或咽痛剧烈，焮红、肿胀、化脓等。

4. 痰浊结聚咽痛

久病咽喉微痛，哽哽不利，干痒不适，咽内似有痰涎，常难咳出，咽部喉底颗粒密布，形如蟾蜍背部皮肤，粗糙不平，悬雍垂肿厚下垂，舌质暗红，苔腻，脉弦滑数。或病初起，邪热内壅不得清解，煎熬津液，郁而生痰，出现咽喉不利，红肿疼痛，痰涎壅盛，咳嗽痰黄稠，或痰鸣气急，咽痛而呼吸困难。

5. 虚火上炎咽痛

咽喉疼痛轻微，微红微肿。或朝轻暮重，咽喉痛似烧灼干燥，多语则咽痒，咽痛加重，并有"吭""喀"动作频频，咽部、喉核暗红。或咽痛如裂，咽腔宽阔，表面干燥少津，有痂块附着。兼见颧红唇赤，手足心热，神疲乏力，舌质红无苔，脉细数或虚浮。

6. 虚阳上越咽痛

咽喉微痛，午前疼痛较重，或干痛不思饮，饮则喜热，有异物梗塞，咽内不红不肿，或略带淡白色。兼见面色苍白，讲话声低，畏寒怕冷，便溏泄泻，小便清长，腰酸腿软，手足觉冷，舌淡苔白滑，脉沉细弱。

7. 气虚血虚咽痛

气虚者咽痛微微，时痛时止，微红微肿，或不红肿，每遇劳或多语加重，服凉药更甚。兼见纳呆困倦，少气懒言，唇淡面白，二便调和，身微热，或时热时退，舌淡质胖，脉细无力。

血虚者咽痛微微而干燥，或时痛时止，红而不肿，或痛在午后，午前不痛，午后潮热，心烦口苦舌干，手足心热，舌淡，脉细等。

8. 血热咽痛

咽喉突然疼痛，肿胀不适，妨碍饮食，甚则舌伸缩不利，咽喉、口腔上腭、会厌等处可见紫色血泡，大小不一，血泡自溃后一经染毒，疼痛增剧。

（三）咽痛的治疗

对咽痛的治疗，根据咽痛的特点，结合其他症状，在辨证的基础上，分别采用不同的治则及方药。

1. 外邪搏结咽痛

对外邪搏结咽痛，应以祛邪散结为先，但必审其表证有无及病邪性质。正如《喉科心法》中指出："治法必审其表症有无，若无恶寒发热、头痛咳

嗽、鼻塞等候。多是暴寒折热,寒束于外,热郁于内,切不可遽用末药吹嚰及先投苦酸碱寒清降凉泻煎剂,如芩连、豆根、射干、石膏、硝矾之类,遏郁表邪,不得外散,以致表邪得以深入,传变多端……当先用荆防败毒散加葱白、豆豉,或再加牛蒡子、玄参、姜虫、连翘一、二剂,急急解散表邪。"

临床上凡风寒搏结而咽痛,常用六味汤(防风、荆芥、薄荷、僵蚕、甘草、桔梗)等,辛温解毒表散,药物也可如荆芥、防风、桂枝、葱白、苏叶、生姜等;凡风热搏结而咽痛,常用疏风清热汤等辛凉表散,清咽解毒之剂。药物如银花、连翘、黄芩、花粉、荆芥、薄荷、赤芍、玄参、浙贝、桑白皮、牛蒡子、桔梗、甘草等。

2. 火毒壅滞咽痛

一般为胃腑热盛,火毒蒸腾,治应用清咽利膈汤或普济消毒饮等泄火解毒。药物如牛蒡子、黄芩、栀子、连翘、银花、黄连、桔梗、甘草、生大黄、玄明粉、板蓝根、玄参、僵蚕、赤芍、山豆根等。

3. 气滞血瘀咽痛

气滞血瘀咽痛为气行则血行,气滞则血瘀,血瘀则脉络不通,不通则痛,治用行气活血祛瘀。若情志不舒用丹栀逍遥散;语气用声过多用复元活血汤或会厌逐瘀汤;热毒气血瘀滞用仙方活命饮、化脓汤(象贝、皂角刺、银花、连翘、焦山栀、板蓝根、射干;炒僵蚕、淡芩、天花粉、山豆根、芦根)。药物如赤芍、丹参、丹皮、山楂、泽兰、郁金、茜草、川芎、香附、青陈皮、忍冬藤等。

4. 痰浊结聚咽痛

痰浊结聚咽痛治应以化痰散结为主。若痰热内壅以寒凉清热化痰,以除痰热,如射干、牛蒡子、瓜蒌、贝母、竹茹、前胡、黄芩、枳实等使热清痰自消;若痰涎火毒壅聚,宜清热导痰涤痰,用竹沥、胆星、竹茹、半夏、天竺黄等;若燥热伤肺,燥痰不化,宜清热化痰润肺,如贝母、瓜蒌、花粉、茯苓、桔梗、杏仁、前胡、石膏、麦冬、枇杷叶等;若气滞痰结,宜理气化痰散结,如陈皮、橘红、川朴、苏梗、广郁金、浙贝、姜半夏、瓜蒌仁等。

5. 虚火上炎咽痛

虚火上炎咽痛为阴液不足,治以滋阴清火。若肺阴不足,虚火上炎者以养阴清肺汤、沙参麦冬汤养阴生津,润肺清火,药物如天冬、麦冬、知母、玄参、天花粉、生地、石斛、芦根等;若肾阴不足,虚火上炎者,以六味地黄丸之类壮水之主以制阳光，滋补肾阴，潜降虚火，药物如生地、丹皮、泽泻、茯苓、山药、知母、黄柏、女贞子、旱莲草、杞子、麦冬、百合等。《喉科心法》有云："阴虚之火，起于肾经阴分，是先天不足之火，虚火也。虚火不可去，忌用寒凉及麝片香药，若误用之，其火愈炽。益促其危耳，唯大补其水以济水以制之。"

6. 虚阳上越咽痛

虚阳上越咽痛一般宜温肾扶阳，引火归源，用附桂八味丸之类。《喉科心法》提出："其中肾中真汤本虚，寒邪乘虚直中其经，迫其微阳上浮而为咽痛，是无阳纯阴之症……无论冬夏，当用四逆、理中、姜附等汤冷服。以温肾经，咽痛自止""切禁表散清降寒下诸法，误用必死"。《罗氏会约医镜》说："火虚于下，而格阳于上。此无根之火，即肾中之真寒症也，非温补命门不可，八味地黄汤主之。"

7. 气虚血虚咽痛

若气虚者，法当补中益气为主，加玄参、麦冬、黄柏、知母等。血虚者，法当补血为先，四物汤加黄柏、知母、玄参、甘草、桔梗等。《喉科心法》说："凡气虚喉痛，治法皆当准此，有于补中汤内加茯神、萸肉、杏仁、熟地、上桂者，是补中兼补心肾也，更有中气不足而肝肾亦虚者，常有用补中煎浓汤，吞服六味地黄丸，多服自愈，不可用末药吹噙，此皆治气虚喉痛定法。"

8. 血热咽痛

血热咽痛，治应清热、解毒、止痛，如黄连解毒汤，药物如黄连、黄芩、黄柏、栀子、生地、玄参、连翘、桔梗、牛蒡子、银花、蒲公英、甘草、丹皮、赤芍等。

二、补虚泄实得金鸣

声音嘶哑是因喉部（声带）发生病变，发声失去了圆润、清亮音质的一种喉部症状。它可以是喉部本身的各种疾病引起，也可以是全身性疾病（如内分泌失调）及支配喉肌的神经受损和功能性疾病等引起。在中医学中，称"音哑""瘖音""喉瘖""失音""暴音""猝哑"等。

声音嘶哑在中医古籍中早有记载和认识，如《东医宝鉴》把声音分配五行："金声响，土声浊，木声长，水声清，火声燥。"《张氏医通》载有

"有禀赋不足，不能言者。有乳母五志之火遗儿，重闭清道，不能言者。"《黄帝内经》把声音嘶哑作为一个病名来记述，该书提到"瘖"者计七处，包括《素问》四处、《灵枢》三处。

（一）辨证论治

中医关于声音嘶哑的病因病理论述总括起来有三类：一为外因所引起，由于外感风邪侵袭所致；二为内因所致，主要为内脏虚损；三为不内外因，如损伤经络（手术）、或气血痰浊结聚，压阻经络，经气失畅、或大声疾呼，讴歌伤喉而失音者。

主张风邪外感者，如《素问·宣明五气》说："五邪所乱……搏阴则为瘖。"《诸病源候论》说："中冷声嘶者，风冷伤于肺之所为也……风冷为阴，阴邪搏于阳气，使气道不调流，所以声嘶也。"《医碥》说："外感风邪入肺，郁热成痰，痰火窒息，肺窍不利，声亦嘶哑重浊。"此类声音嘶哑，多是暴瘖或卒瘖，发病突然，病程短，治疗效果多数较佳，常是实证，属"金实不鸣"。主张脏腑虚损者，如《景岳全书》"声音出于脏气，凡脏实则声弘，脏虚则声怯，故凡五脏之病皆能为瘖"；《医门补要》"肾为声音之根，肺为声音之户，虚人劳力，损伤元气，气海空浮，丹田气不与在上肺气相接，故喉哑难出声"；《医碥》"但喉中声哑……由劳久而然，盖声出于肺，喉为道路，痨病日久，火刑肺经，金破则不鸣"。此类失音又名久喑，病程较长，治疗见效缓慢或少效，常虚证居多，属"金破不鸣"。认为不内外因的如《景岳全书》"痰气滞逆为瘖……"《类证治裁》谓"因歌唱伤气而音不出，此不内外因，养息自愈"等，此类声嘶，常为虚实夹杂之证。现将朱教授对声音嘶哑的辨证治疗分述如下。

1. 风邪外袭

（1）风寒：风寒之邪外袭，郁闭腠理，客于喉窍，喉部气血滞留，声户开合不利，喉部发痒，咳嗽不爽，鼻塞流涕，恶寒头痛，无汗，口不渴，苔薄白，脉浮紧。

检查：声带色淡红，或肿胀较明显。

治宜：疏风散寒，宣通肺气。方用三拗汤加味。如麻黄、杏仁、甘草、紫菀、款冬、白前、蝉衣、半夏、前胡等。

（2）风热：风热之邪客于喉间，侵及肺经，蕴热于喉，气血郁滞，音低而粗，声出不利，声音嘶哑，咽喉灼热，咳嗽痰黄，发热恶寒，头痛，苔薄黄，脉浮数。

检查：声带色鲜红，或红肿，或有黄白色脓性分泌物附于声带之上。

治宜：疏风清热，解毒利喉。方用疏风清热汤。如荆芥、防风、炒牛蒡子、薄荷、银花、连翘、浙贝、黄芩、蝉衣、木蝴蝶、桔梗、生甘草等。

（3）风邪挟杂寒湿：风邪挟杂寒湿，入客喉部关户，喉感沉重，活动不利，语声重浊，喉感微痛，杓区淡红、微肿，甲状软骨后缘压痛，苔白薄腻，脉浮紧。

治宜：祛风除湿，散寒开音。方用六味汤加减。如桔梗、生甘草、薄荷、荆芥、防风、僵蚕、蝉衣、生米仁、炒苍术等。

（4）风邪入络：风邪入络往往表现病久，经气失畅，营卫不和。声音嘶哑，兼见误咽，及饮水呛咳，苔薄腻。

检查：声带收展不利，活动差，一侧或双侧声带固定。

治宜：祛风通络，和营开音。方用菊花茶调散加减，或用独活寄生汤加减。如菊花、薄荷、荆芥、防风、川芎、当归、羌活、地龙、丝瓜络、桔梗、生甘草、蝉衣等。

2. 肺肾阴虚

声音出于肺而根于肾，肺主气，肾藏精，故肾精充沛，肺气旺盛，则声音清亮，如肺肾亏损则音暗。若素体虚弱，劳累过度，或久病，内伤肺肾，阴液亏损，肺气清肃不行，肾阴无以上承，喉失滋养，或阴虚，而虚火上炎，灼伤于喉而致声暗。出现声音不扬，甚则声嘶，伴咽干喉燥，干咳少痰，常有清嗓习惯，大便干结，舌红苔少或光剥，脉细或细数。

检查：声带暗红无泽，或声带肥厚色微红，发音时声带闭合不佳，或声带干薄痂皮可见。

治宜：滋养肺肾。方如百合固金汤类，或养阴清肺汤加味。如生地、百合、玄参、天冬、麦冬、赤芍、茜草、川石斛、天花粉、桔梗、蝉衣、乌梅、女贞子、旱莲草等。

3. 气阴两虚

多语或争竞大声号呼而伤气，肺气不足，无以鼓动声门而发音，久而伤阴，气阴两虚，喉失滋养，声嘶日久，旷日不愈，时轻时重，多语或稍高声，或疲劳，则嘶哑加重，胸闷气短，乏力易倦，舌质淡胖，边有齿印，脉细弱。

检查：声带闭合不全，有间隙，或室带掩盖声带，或见声带小结。

治宜：益气养阴，和营开音。方用补中益气汤。如黄芪、党参、白术、当归、陈皮、升麻、炙甘草、蝉衣、木蝴蝶、玄参、大枣、米仁等。

4.肺脾不足，痰热郁滞

肺气不足，则清肃无权，脾气不足，运化失健，皆可使湿积生痰，久则湿痰蕴热，郁滞喉间，阻于经络而声出不利，以致局部肿胀至息肉生成，经常声嘶，语声重浊，痰黏结块，咳吐不爽，胸闷不舒，喉头有堵塞感，苔薄，脉濡细。

检查：声带色暗红、肥厚或肿胀较甚，或见有息肉形成，表面光滑而突起，色透明或色红，妨碍声门闭合。

治宜：健脾利湿，清肺化痰。方用益气清金汤加减。如桔梗、黄芩、浙贝、牛蒡子、茯苓、麦冬、党参、陈皮、薄荷、生甘草、淡竹叶、栀子、蝉衣、米仁、炙桑白皮、生山楂等。

5.肾阳不振，寒水上泛

本型多见于老年人，肾阳不振，寒水上泛，喉痒声嘶。自觉痰黏于喉，咳吐不出，人瘦乏力，喘息气短，四肢不温，夜尿清长，腰膝酸软，苔薄白，脉沉细无力。

检查：双侧声带广泛水肿，色白，半透明，状如蚕体，或如金鱼之水泡眼，随呼吸而飘荡于声门间，影响呼吸和发音。

治宜：温肾散寒，利水退肿。方用真武汤加减。如赤芍、茯苓、白术、生姜、附子、山药、泽泻、熟地、丹皮、桂枝、山萸肉、川牛膝等。

6.气滞血瘀

常因多语伤气，气滞血行不畅，滞瘀于喉间声户，而声音嘶哑，语言重浊，反复发作，渐至嘶哑不愈，舌质暗红，脉细涩。

检查：两侧声带暗红较厚，或边缘有突起，形成小结，声门闭合不全。

治宜：行气活血，化瘀开音。方用四物汤加味，或会厌逐瘀汤。如当归、川芎、生地、赤芍、桃仁、红花、玄参、蝉衣、枳壳、桔梗、柴胡等。

7.肺燥津涸

燥邪犯肺，津液涸竭，喉失滋养，咽干喉痛，午后潮热，喉痒多咳，脓痰挟血，胸痛纳欠，失眠盗汗，手足心热，苔少舌红绛，脉细数。

检查：喉部黏膜见粟粒状白点，或溃疡，边缘不齐。或喉癌放疗后，淫劫津液，气血不和，声户失润，致声嘶，喉间干裂疼痛，喉痒少痰，大便干结，苔光舌红，脉细弦带数。咽喉及声带干燥少津，暗红无泽，杓区肿胀。

治宜：清肺润燥，生津解毒。方用桑杏汤，或清燥救肺汤。如桑叶、杏仁、石膏、麦冬、甘草、百部、玄参、天冬、沙参、川贝、木蝴蝶、桑椹子、阿胶、炙枇杷叶等。

8. 外伤失音

金创外伤，或手术损伤，经络断裂，经气不畅，气血失和，则声嘶乏力，语言嘎哑，胸闷气短，咳吐不爽，喉部感觉异常，或如物阻，或喉紧迫，或如痰黏。

检查：声带固定，不能收展，或活动差。

治宜：活血通络，调和气血。方用复元活血汤加味。如柴胡、当归、桃仁、红花、天花粉、赤芍、甘草、白芍、路路通、酒炒大黄等。

9. 讴歌伤喉

常因多语高叫，讴歌之后，损及脉络，卒然音哑，或喉痛，或挟有血痰，苔薄白，脉弦。

检查：声带色红，黏膜下出血。

治宜：行气活血，祛瘀开音。方用桃红四物汤加减。如桃仁、红花、当归、川芎、赤芍、陈皮、炒生地、炒侧柏叶、血余炭、白茅根、焦山楂等。

10. 肝郁失音

多因情志不舒，愤怒伤肝，肝气郁结，气机不利，碍于喉间，以致失音。《素问·大奇论》谓："肝脉惊暴，有所惊骇，脉不至，若音，不治自已。"症见精神抑郁不舒，突然不语，或声嘶，但常可作耳语声，咳嗽，哭笑时声音往往正常，胸闷胁痛，腹胀嗳气，不思饮食，口干咽燥，舌苔薄腻，脉弦。

检查：声带色泽如常，边缘整齐，但多内收无力，声带闭合不全。

治宜：疏肝利气开音。方用逍遥散加减。如当归、柴胡、赤芍、白芍、茯苓、炙甘草、薄荷、生姜、生地、百合、大枣、淮小麦等。

11. 喉菌声嘶

因于体内外各种致病因素，如情志不遂，悲怒忧思，醇酒辛辣刺激，以致肝脾受损，疏泄失常，运化不健，久则气血痰浊凝结，郁久成块。初起声音嘶哑，时轻时重，久则持续声哑，甚则完全失音，呼吸急促，咳吐脓血，形体日渐消瘦乏力，苔薄腻，脉弦滑数。

检查：可见声带中段，有凹凸不平，状如菜花样肿物，表面或见溃烂，颈部或可触及肿核。

治宜：行气血，祛痰浊，散结聚，调肝脾。可先用清气化痰丸（陈皮、杏仁、枳实、黄芩、瓜蒌仁、茯苓、胆南星、制半夏），选加鸡内金、党参、山慈菇、白花蛇舌草，或用丹栀逍遥散加三棱、莪术、昆布、牡蛎等，或用柴胡清肝汤（柴胡、当归、川芎、白芍、生地、黄芩、栀子、天花粉、牛蒡子、连翘、甘草）选加白术、沙参、白茅根、土茯苓、鸡内金、山豆根等。

（二）医案举隅

朱教授在长期临床实践中以益气散结法为总则，灵活应用，治疗某些喉部疾患（特别是声带小结、息肉、声带肉芽肿）引起的声音嘶哑取得非常显著的临床效果。常以自拟方为基本方：生黄芪15g，茯苓15g，生甘草10g，桔梗10g，白花蛇舌草15g，茜草10g，生蛤壳30g，蝉衣6g，木蝴蝶3g，忍冬藤15g，桑白皮10g，山慈菇10g，玄参15g，鸡内金10g。若外邪侵袭，可加入祛邪之药，如荆芥、牛蒡子、薄荷、连翘、杏仁、远志、野荞麦根等，使之邪气外出，肺气得以清宣，声嘶得复。肺燥阴虚者可酌情加入养阴润肺清火之药，使肺之气阴充足，清火散结，气道流畅，声音洪亮，如北沙参、天冬、麦冬、石斛、百合等。痰浊凝滞者加化痰涤痰之药，如杏仁、浙贝、竹沥半夏、僵蚕、天竺黄、胆南星、陈皮等，使肺脾脏气充实，气血调和，痰浊内消，声户清润，声音洪亮。气滞血瘀者可加入调和气血，活血通络，化瘀散结之药，如赤芍、丹皮、丹参、生山楂、三棱、田三七、忍冬藤等，使脏腑气血调和，脉络通利，瘀滞消散，声音清亮。肝郁脾虚者可加入理气和胃之药，如广郁金、佛手、绿梅花、甘松、煅蛤壳、川连、吴茱萸、姜竹茹、蒲公英、炒枳壳、陈皮等，使脏腑调和，脾胃健运，清降火热，喉窍清宣，声嘶得复。

医案举隅一

李某，女，33岁，农民。2002年5月9日初诊，1年前出现多语后声音嘶哑，休息后即能恢复，1周前与人争吵后，即感咽喉不适，咽痛咽干，声音嘶哑，咳嗽有痰，痰中有血丝，来院门诊。检查时发现咽部稍红，右侧声带前中1/3处表面黏膜下出血，肿胀突起色呈紫红，左侧声带边缘亦红，发音时闭合不佳。苔薄白，脉弦细。证属喉喑，声带黏膜下出血，肺气受损，损及脉络，治拟清肺凉血，化瘀开音。处方：炒生地10g，赤芍10g，茜草10g，白茅根30g，桑白皮10g，炒黄芩10g，生山楂15g，蝉衣10g，忍冬藤15g，连翘15g，浙贝10g，海蛤壳20g，桔梗10g，生甘草10g，杏仁10g，鱼腥草30g，枇杷叶10g，茯苓10g，服7剂。嘱禁食辛辣刺激上火之品，禁声。

二诊：服药7剂后，声音嘶哑好转，不能多语，仍有咽痛咽干，干咳，咳痰时已无血丝，检查见右侧声带黏膜下出血已减轻，面积缩小，苔薄白，脉弦细。症有减轻，局部已有转机，治再宗原法继之，前方去鱼腥草、枇杷叶、浙贝、杏仁，加生黄芪15g，玄参15g，麦冬15g，川石斛15g，服14剂。

三诊：声音已不嘶哑，咽痛咽干亦减，但觉喉间有痰，检查见右侧声带黏膜下出血已吸收，表面见小血管纹，边缘稍有突出，苔薄白，脉弦。治拟原法，上方加浙贝10g，服7剂。另予黄芪生脉饮4盒，每日2次，每次1支以善后。

按：本案患者平时多语后易声嘶，多语伤肺亦伤气，易致声户血行不畅而滞瘀，故有咽痛咽干，在此基础上与人争吵必用大声，高声损及声户脉络，血瘀而外溢，故咳痰中有血丝，声音即嘶哑，证属"喉喑"范畴之声带黏膜下出血。辨证为肺气受损，损及脉络。治疗用清肺凉血、化瘀开音为先，故用鱼腥草、桑白皮、枇杷叶、黄芩、连翘以清肺；用生地、赤芍、茜草、山楂、白茅根凉血活血而止血；用浙贝、杏仁、桔梗、茯苓、蛤壳止咳化痰而祛浊；用忍冬藤通络解毒，使痰及瘀不滞留；用蝉衣、生甘草开音利咽。待声带黏膜下出血已止，而后以清肺养阴法而治之，使伤气之后不及阴，故在二诊时用玄参、麦冬、石斛之类以养阴，同时使用黄芪以益肺气而固正，步步扣环，收获良效。

医案举隅二

曹某，女，45岁，个体户。声音嘶哑数月，多语后尤甚，又因生意繁忙，无法休息，神疲乏力，无时间就诊检查，近来一直声音嘶哑，日渐加重，咽喉干燥，大便坚硬，于2002年7月30日前来就诊，检查见两侧声带肥厚色红，前中1/3处边缘突出，色淡，左侧尤甚，发音时不能紧闭，苔薄白边有齿印，脉细。诊断为喉喑（声带小结）。证属气阴两虚，气滞痰结。治拟益气养阴，化痰散结开音。处方：生黄芪15g，茯苓10g，桔梗10g，生甘草15g，麦冬15g，玄参15g，川石斛12g，桑白皮10g，浙贝10g，忍冬藤15g，连翘15g，蝉衣10g，木蝴蝶3g，赤芍10g，茜草10g，生山楂15g，海蛤壳20g，全瓜蒌15g，服7剂。嘱避免感冒，忌食辛辣刺激之品，避免过多或大声讲话，注意声带休息。

二诊：服药7天后，声音嘶哑好转，但咽仍干燥，神乏，便转软。检查：两侧声带肥厚、色红减轻，前中1/3处突出趋平，苔薄白边有齿印，脉细。证现气阴渐复之象，再宗原法，前方加白花蛇舌草15g，化痰散结。

三诊四诊：声嘶明显好转，多语后亦不嘶哑，咽干减轻，但声带检查未见明显变化，前中1/3处稍有突出，未再趋平，脉苔如前。原方续服。再配黄芪生脉饮，每日早晚各服1支，加强益气养阴之力。

五诊：声音基本不嘶哑，但音质较粗，讲话不感吃力，但便又坚硬。检查：两侧声带稍呈肥厚，前中1/3边缘突出处基本已平，闭合尚佳，苔薄白，脉细。原方加杏仁10g，服7剂。

六诊（2002年9月3日）：不慎感冒，咽痛、干燥，咳嗽咳痰，痰浓色黄，但声音尚好。检查：两侧声带前中1/3处色红，但突出不明显，苔薄白，脉细稍数。证属外感风热之邪，治拟清解利咽，祛邪外出，防其入里。处方：炒牛蒡子10g，忍冬藤15g，连翘15g，杏仁10g，枇杷叶10g，桔梗10g，生甘草10g，蝉衣10g，白僵蚕6g，桑白皮10g，竹沥半夏10g，黄芩10g，全瓜蒌15g，服7剂。嘱其多饮水。

七诊：服药后感冒已去，咳嗽咳痰好转，咽不痛，声音不嘶哑。检查：两侧声带稍红，边缘未突出，苔薄白，脉细。幸感冒后邪未入里，未波及声带，治再以养阴益气，利咽开音法。处方：生黄芪15g，茯苓10g，麦冬15g，南北沙参各15g，川石斛12g，玄参15g，桑白皮10g，忍冬藤30g，赤芍10g，茜草10g，生山楂15g，生蛤壳20g，桔梗10g，生甘草15g，蝉衣10g，浙贝10g，太子参10g，服14剂。

患者于2002年10月29日、11月12日及12月24日三次复查，两侧声带前中1/3处边缘平整，未见突出。小结已消，嘱用黄芪生脉饮常服善后。

按：本案患者从事商业活动，过度劳累，不停讲话，用声过度，以致声音嘶哑，又嘶哑后不检查不治疗，延时日久，经查两侧声带肥厚色红，边缘突出，诊断为声带小结，属中医"喉暗"范畴。根据患者全身症状，劳累疲乏，多讲声更嘶，咽干燥，舌苔薄白边有齿印，脉细。辨证为肺脾虚弱，气阴两虚。过度用声耗伤肺气，肺气不足，喉失滋养，发声无力，同时肺气虚，气不布津，津液聚而为痰，结于声户；劳倦过度，易伤脾，脾气不足，运化失职，水谷精微不能上奉，喉失滋养，又脾虚水湿不化，停聚喉间而成痰。不论过度用声耗伤肺气，脉络受损，或劳倦伤脾，水湿停聚而为痰，最终病及声户，都可使声户瘀阻，成小结、息肉、肌膜肿胀肥厚等变化，出现声音嘶哑而成喑。因此本患者之声嘶抓住其脏腑虚损，从整体着手治其本为主立法处方。用黄芪、茯苓、太子参健脾益肺补气；麦冬、玄参、南北沙参、石斛养阴；桑白皮、浙贝、桔梗清肺利咽化痰；忍冬藤、赤芍、茜草活血通络；生山楂、蛤壳散结；蝉衣、木蝴蝶开音。虽然本案治疗时间较长，中途又遇感冒，但治疗效果还比较满意。

三、标本兼治疗喉痹

喉痹是指以咽痛或有异物感不适，或喉底有颗粒突起为主要特征的咽部疾病。

"喉痹"一词最早见于《五十二病方》，后《黄帝内经》多次从病因病机等方面论述此病，如《素问·六元正纪大论》云："天政布，炎暑至……民乃热中……喉痹。"又《素问·阴阳别论》曰："一阴一阳结，为之喉痹"。本病相当于西医学急、慢性咽炎。

本病可分为急喉痹（风热喉痹）和慢喉痹（虚火喉痹）。前者起病较急，初觉咽干、有灼热感，继而有明显咽痛，吞咽时尤甚，并可放射至耳部、颈部。间接喉镜下可见咽部黏膜急性弥漫性肿胀、充血，悬雍垂及软腭水肿；咽后壁淋巴滤泡及咽侧索红肿，严重者咽后壁及扁桃体表面可见黄白色点状分泌物。下颌下淋巴结可有肿大、压痛，多伴有发热恶寒、头痛等全身症状。后者病程较长，且反复发作。咽部可有各种不适感，如异物感、干燥、灼热、咽痒干咳、微痛，常觉咽部有黏痰附着而频频清嗓咳痰，晨起刺激性咳嗽或恶心呕吐等症状。间接喉镜下可见咽部黏膜慢性充血甚至肥厚，血管扩张，色淡红或暗红，咽后壁、舌根部淋巴滤泡颗粒样增生或融合成团块状，上有黏稠分泌物附着，咽侧索增生变粗等。亦可见咽部黏膜干燥少津，萎缩变薄，色苍白而发亮，如涂漆状，咽后壁可见颈椎椎体轮廓，常附有膜样黏稠分泌物。临床上以慢喉痹多见，也是耳鼻咽喉科中的常见慢性病之一，故以慢喉痹为主论之。

朱教授根据古训"痹者闭也"的理论，认为慢喉痹的病变基础是脏腑亏损，咽喉失养。可因久病不愈，反复为患或因用药失当，误治致内伤脏腑，阴阳失调，有阴虚、阳虚、血虚、气滞、血瘀、痰结等。因咽喉上连口腔，下连肺胃，又是经脉循行之要冲，通过经脉的联系与五脏六腑关系非常密切，构成了咽喉与脏腑在生理方面的相互依赖，在病理变化方面的

相互影响。

朱教授认为本病以肺肾阴虚为本。《脉经》曰："肺虚以嗌干不朝津液。"《辨证录》曰："少阴肾火下无可藏之地，直奔而上炎于咽喉也。"临床上也以肺肾两脏阴液亏虚、虚火上炎为多见。因火热上炎、炼津成痰，阻遏气机，气失调畅，则气滞、血瘀、邪滞。故肺肾阴亏为本病之本，而痰浊、气滞、邪滞、血瘀为本病之标。如阴虚肺燥型可见咽部微暗红，咽后壁小血管扩张，有散在少数淋巴滤泡，或滤泡增生，自觉咽中不适，微痛，干痒、灼热，早晨较轻，午后及入夜加重，午后时有潮热，口舌干燥，干咳少痰，或时有盗汗，舌红少苔，脉象细数。阴虚火旺（肾阴虚）型可见咽部色红，咽后壁黏膜干燥，淋巴滤泡增生，咽部敏感，易引起恶心。自觉咽干痛，烧灼感，异物感，入晚更甚。头晕目眩，腰膝酸软，虚烦失眠，多梦遗精，耳鸣，舌质红中裂或苔光少津，脉沉细。肝肾两虚型可见咽部黏膜干燥变薄或萎缩，咽腔宽大，色红光绛，咽后壁时有痂皮附黏，见到颈椎椎体轮廓。自觉咽喉干燥灼热、疼痛，易恶心，头晕目眩，或潮热盗汗，腰膝酸软，苔少舌红，脉弦细。气滞血瘀型可见咽部干燥灼热，疼痛尤甚，整个咽部黏膜色红，咽后壁淋巴滤泡肿胀突起，但色可呈暗红，或色淡光滑，喉间梗塞，舌质紫暗，或有瘀点，脉沉弦数。痰浊瘀阻型可见咽后壁颗粒高突，成片状，黏膜肥厚，两侧咽侧索尤甚，痰多而黏稠，自觉喉间不适，时作"坑""咯"动作，异物感特别明显，吐之不出，咽之不下，悬雍垂肥厚增长，或时有嗳气，脘腹胀满，苔薄腻，脉弦滑。虚阳上越型可见咽喉微痛，或干痛不思饮，饮则喜热汤，咽部不红不肿，或略带淡白色，面色苍白，形寒畏冷，手足觉冷，小便清长，大便溏泄，腰酸耳鸣，舌淡苔白滑，脉沉细弱。

朱教授认为，本病在治疗上应注重滋养肺肾之阴以治其本，根据不同症状兼治其标。临床上多用自拟方治疗，处方：北沙参、元参、麦冬、忍冬藤、连翘、远志各15g，石斛12g，茜草、桔梗、生甘草、浙贝各10g，蝉衣6g，并随症化裁。方中元参清热凉血滋阴，泻火解毒；北沙参、石斛养阴清肺，益胃生津；麦冬养阴生津润肺；生甘草清热解毒，治咽喉肿痛；浙贝清热化痰，散结消肿；连翘清热解毒，消肿散结；忍冬藤疏风解毒通络；蝉衣利咽开音；桔梗宣肺利咽，并载药上行；远志祛痰安神；茜草凉血化瘀。本方以北沙参、元参为君药，清肺金之虚火，滋肺胃之阴液；臣药以麦冬、石斛养阴润肺，忍冬藤、连翘清热解毒，桔梗、生甘草、蝉衣清热利咽，浙贝、远志散结化痰；佐茜草活血化瘀。综观全方，所治在肺，兼及肾，取补水之源而清肃燥金、金水相生、扶正祛邪之义，以养阴生津为主，兼祛邪达表，使补中有行，补而不滞。可见，朱教授始终将整体辨证调护应用于临床中。随症加减：若咽痛甚，可加炮射干、野荞麦根清热解毒，但应中病即止；咽部干燥明显，加五味子、乌梅，起酸甘敛阴之效；咳嗽咳痰甚，加炙百部、炙紫菀、炙枇杷叶、桑白皮；腰膝酸软，夜尿频多，加枸杞子、桑椹子、川断、炒杜仲等；若邪毒外感，减元参、麦冬，以防恋邪。以上为临床常见证候，余证型变化可在此方基础上加减。如气血瘀滞者，以活血养阴为主，加生地黄、丹参、赤芍、白芍等；肝气郁结者，疏肝理气，解郁化痰，加柴胡、姜半夏、茯苓、紫苏梗、郁金、绿萼梅、佛手、陈皮、炒枳壳等，痰多酌加杏仁、海蛤壳、胆南星、夏枯草、猫爪草等化痰散结；痰浊凝滞者，加半夏、茯苓、陈皮、绿萼梅、藿香、杏仁化浊利咽等，苔腻酌加砂仁、厚朴化湿醒脾；虚阳上越者，温肾扶阳，引火归源，加附子、肉桂、生地黄、山茱萸、茯苓、牡丹皮、泽泻等。若浮火较甚，咽喉干痛明显者，可加知母以清浮火。

医案举隅

李某，女，66岁。2018年8月11日初诊，患者自觉咽部不适、有异物感二月余，时疼痛干燥、有烧灼感，咳嗽咳痰，偶有声音嘶哑。近日来，咳嗽加重，咳痰量少质黏，偶见痰中带血丝，手心易汗，纳食可，夜寐欠佳，二便调。予详细局部检查见：咽部黏膜色红少津，咽后壁淋巴滤泡增生伴见少许脓点，间接喉镜下：会厌（-）、声带色稍红，边缘尚齐，动度可，闭合无裂隙，咽喉部未见明显新生物。舌质红苔薄白，脉弦细。四诊合参，诊断为慢喉痹，属肺阴亏虚之证。肺阴亏虚，致阴虚火旺，炼液成痰，致咽中异物感。肺阴不足，肃降失职，肺气上逆，则咳嗽痰少而质黏。治以养阴清肺，利咽降火。处方：北沙参、元参、麦冬、忍冬藤、连翘、远志、茯苓各15g，石斛、桑白皮、桔梗、生甘草、郁金、浙贝、苏梗、炒枳壳、瓜蒌皮、茜草各10g，煅蛤壳20g，陈皮6g，共7剂。以上详释于患者，并嘱其畅情志，清淡饮食。

二诊：服药后，患者诉咽部异物感、干燥烧灼感明显减轻。晨起时微咳，少许白痰。检查见咽部黏膜色红、干燥较前好转，会厌（-），声带（-）。舌红苔薄白，脉细。上方去煅蛤壳、瓜蒌皮、炒枳壳，加绿梅花5g，共7剂。

三诊：诸症皆明显好转，时有咽干，间接喉镜见：咽喉部黏膜色淡红。上方去连翘、苏梗，加百合12g。并嘱患者忌辛辣刺激性饮食，注意起居。患者遵上方调理数周后痊愈。

四、达郁散结逐梅核

梅核气是指以咽中异物感，如有梅核梗塞于咽喉，咯之不出，咽之不下为主要特征的咽部疾病。临床上常有咽部异常感觉或幻觉，如球塞感、瘙痒感、紧迫感、黏着感、烧灼感、蚁行感、无咽下困难的吞咽梗阻感，或常诉颈部有紧迫感，重者如束带样，自感呼吸不畅，衣领不能紧扣等，常出现咽部一侧或双侧，或时上下活动，无固定部位，咽中梗阻感，多在吞咽动作时，尤其是在吞咽唾液时感觉明显，吞咽食物时反而无异常感觉。

一般认为本病多无器质性病变，也无明显的季节性或地域性。以成年人，尤其是中年女性多见。西医学的咽异感症或癔球症类似本病的症状，可参考本病辨证施治。咽部神经支配极为丰富，有迷走神经、舌咽神经、副神经颅根、颈交感神经分支，此外尚有三叉神经第二支、舌咽神经等直接分布，参与支配咽喉的感觉和运动，故咽部的感觉非常灵敏。此外，全身许多器官的疾病，也可通过神经的反射和传导作用，使咽部产生异常感觉。故咽异感症的产生机制较为复杂。可因咽及咽邻近器官的因素、远处器官和全身因素、精神因素等，导致咽部异常感觉的产生。西医学的病因分析与祖国医学有关咽喉学说的脏腑整体观念有一定的相关性，并可起到相互补充作用。

（一）关于诊断问题

1. 中医诊断

症状：咽部异物阻塞感，其状或如梅核，或如炙脔，或如贴棉絮，或如虫扰，或如丝如发，或如痰阻，或如球如气，或如颈部紧迫感，重者如束带样，或自感呼吸不畅，衣领不能紧扣，或上或下，咯之不出，咽之不下，不碍饮食和呼吸，进食反感舒适。多于情志不舒，心情郁闷时症状加重。

体征：咽喉各部所见正常，纤维喉镜、食管钡餐或食管镜检查、茎突及颈椎X线片、颈部甲状腺B超检查亦无异常发现。

伴随症状：多有精神焦虑、精神抑郁、多虑多疑、表情不悦，或胸胁胀满疼痛，善太息，嗳气，或见纳呆倦怠，疲乏无力，妇女常有月经不调等。

2. 西医诊断

症状：咽部似有异物存在，似捧状、似树叶、草棍样、头发丝样、线头状、或有肿物感、有痰感、蚁走感、痒感、胀感、紧束感、压迫感、闷堵感、狭窄感、干燥感等。时觉咽部异物走串，部分患者因颈部紧束感而畏扣领口。在作空咽动作时症状加重，但吞咽饮食无碍，在进食时反觉症状减轻，咽部较舒。患者常以咳嗽、咳痰和吞咽等动作来解除上述症状。病期较长的患者，常伴有焦虑、急躁和紧张等精神症状，且症状易随情绪波动发生变化。

检查：仔细检查排除鼻咽、口咽、喉咽、颈部器质性病变因素，以及上呼吸道、上消化道及全身疾病，必要时，应行纤维喉镜、纤维食管镜或胃镜、血常规、胸部X线片、颈椎平片、颈部淋巴结及甲状腺B超等检查。

对病史、症状、检查的全部资料进行综合分析后方可做出诊断。

临床上有很多咽喉疾病如慢性咽炎、慢性扁桃体炎、喉癌；邻近器官如食管、颈椎、甲状腺、鼻及鼻窦病变都可出现咽部异物感，类似梅核气症状，应仔细予以鉴别。

（二）关于病因

梅核气发病虽病位在咽喉，其原因多咎之于情志所伤，气郁痰凝，痰气互结，责之于脏腑，肝、脾胃、心肾失调。发病初起，或病程较短者，以情志不舒，肝气郁滞，或肝气横逆犯脾，肝郁脾滞，气结痰凝为多见。日久不愈者，七情不遂，五志化火，心肝郁热，结于咽喉。或肝郁化火，耗劫肝阴，水不涵木，咽喉失养，阴虚气结。

（1）肝郁气滞：平素情志抑郁，忧郁寡欢，肝失条达，疏泄失常，肝气郁结，气机阻滞，肝气上逆，阻结于咽喉而为病。

（2）痰气互结：七情不舒，或思虑伤脾，或肝郁日久，横逆犯脾，以致脾失健运，聚湿生痰，痰气互结，上逆咽喉，故咽喉如物闷阻。

（三）关于辨证

1. 辨证思路

梅核气主要表现为咽部异物阻塞感，经检查，咽喉、食管、颈椎等无明显异常改变，故辨梅核气应结合伴随症状进行辨证。其病因有实证、虚证及虚实夹杂证。实者多因情志所伤，气结痰凝，或五志化火，心肝郁热；虚证主要是肝肾阴虚、心脾两虚及肾阳虚；虚实夹杂证主要是心、肾、肝、胃之津液亏损，伴以肝气郁结。在梅核气发病初起或病程较短者，以情志所伤、气结痰凝为多见；日久不愈者可转化为心肝郁热，而阴津亏损之体又因气郁伤肝，必致阴虚气郁之证。肝郁日久，气郁化火，灼伤心阴而致心血不足，神舍失养，另外，肝郁抑脾，脾虚失运，必导致心脾两虚证。然梅核气不论何种缘由，无形之气阻结于咽喉，必有气结、气滞的病机，或痰气互结、或肝郁气滞、或火热气结、或阴虚气郁，故气结、气滞是本病的基本病理特征和发病根由。抓住以上几点，临床辨证时可执简驭繁，思路清晰，治病有条有理。

2. 主要证型

（1）肝郁气滞证

症舌脉：咽喉异物感，或如梅核，或如肿物，吞之不下，吐之不出，但不碍饮食。多伴有抑郁多疑、胸胁脘腹胀满、心烦郁怒、善太息等症。症状的轻重与情绪有关。舌质淡红，苔薄白，脉弦。

病机分析：肝经循行于咽喉，平素情志抑郁，肝气郁结，疏泄失常，气机阻滞，肝气上逆，阻结于咽喉，故咽喉有异物感，状如梅核或肿物。无形气结，故吞之不下，吐之不出，而不碍饮食。肝为将军之官而主谋虑，肝郁不舒，则多疑多虑而精神抑郁，郁怒心烦而喜太息。气机阻滞，则见胸胁脘腹胀满。脉弦为肝郁之象。

（2）痰气互结证

症舌脉：咽喉异物感时轻时重，自觉喉间多痰，有物堵塞，如梅如球，或如痰块之状，梗梗然，咳之不爽，咽之不下。多伴抑郁寡欢、胸胁胀满、纳呆脘痞、倦怠乏力、咳痰不爽等症。舌质淡红，苔白腻，脉弦滑。

病机分析：情志所伤，肝气郁滞，横逆犯脾，致成肝郁脾滞之候，津液不得输布，积聚为痰，痰与气互结于咽喉，故咽喉有物堵塞，如梅如球，或如痰块之状。因痰气属无形之物，哽哽不利，咳之不爽，咽之不下。肝喜条达而恶抑郁，情志抑郁则咽部症状加重。肝之经脉布胁肋，肝气不舒，则胸胁胀满。肝气犯脾，脾失健运，运化失司，故纳呆脘痞、倦怠乏力。气郁尚未化火，故舌淡红。痰浊中阻，升降失常，故苔白腻。脉弦滑为气滞痰阻之征。

（四）关于治疗

1. 中药内治

（1）肝郁气滞证

治法：疏肝理气，散结解郁。

常用方：逍遥散（《太平惠民和剂局方》）加减。柴胡、白芍、茯苓、当归、白术、薄荷、生姜、甘草。

加减法：若胸闷嗳气较甚，加理气之品，如绿萼梅、郁金、香附、苏梗等。若肝郁乘脾，咽喉痰涎较多，咽喉下至胃脘均有阻塞感，食后加重，腹胀腹泻，宜柔肝扶脾，加党参、白术、茯苓、山楂等健脾和胃之品。若烦躁易怒，头痛不适，口苦咽干，面红目赤，舌红苔薄者，为气郁化火，加丹皮、栀子、黄芩、菊花清热泄肝。若有夜寐不安，心烦易怒者，加合欢花、酸枣仁、五味子、夜交藤等安神宁心。同时可配合玫瑰花泡水代茶，频频饮服，以疏肝和胃。若情志抑郁明显者，可配合越鞠丸加减。

（2）痰气互结证

治法：行气导滞，散结除痰。

常用方：半夏厚朴汤（《金匮要略》）加减。半夏、厚朴、茯苓、生姜、苏叶。

加减法：若异物感严重者，加入合欢花、玳玳花以助疏肝解郁，并有安神之功。若情志抑郁，多疑多虑，加炙甘草、大枣、淮小麦等宁心安神。胸闷痰多者，加瓜蒌仁、薤白、贝母、广郁金等宽胸化痰。纳呆脘痞，苔白腻者，加砂仁、陈皮、佛手、香橼皮、藿香、佩兰、苍术、白术、生麦芽等，以助理气健脾，和中化痰之力。痰气互结日久，致使气机不畅，气滞血瘀，咽喉阻塞，持续难消者，合桃红四物、二陈汤以达理气活血化痰之功。胸胁不舒者，加柴胡、苏梗、枳壳、绿梅花。

2. 中医外治法

本病的外治法，根据病情及患者的具体情况可选用吹药法、含服法、含漱法、雾化吸入法、烙法、咽后壁刺血法、敷脐法等。

（1）吹药法：应用于咽喉科较为广泛，是用各种功用不同的药物，如清热解毒、消肿止痛、除痰祛腐、生肌收敛、凉血止血、祛邪通窍等药物制成极细的粉末，喷吹在咽喉部，使药物直达患处，它可以弥补内治法的不足。应用于梅核气，生津润燥，化痰利咽，使咽喉部舒适。如用冰硼散、西瓜霜等吹于咽部，每日3～4次。

（2）含服法：将药物含于口内或口咽部，使药物徐徐溶化，较长时间地作用于局部，从而达到治疗咽喉疾病的一种方法。本法应用方便，老少皆宜，具有清热解毒，消肿止痛，生津润燥，化痰利咽等功能。如用铁菌丸、润喉丸、藏青果、金嗓子喉片等含化服用，每日6次。

（3）含漱法：将中药的有效成分溶于液体中，用药液漱涤口腔、咽喉部，而达到清洁患处和解毒消肿作用。可用玄麦甘桔汤、胖大海、藏青果、银花、麦冬、荸荠煎煮或沸泡10分钟后含漱，每日数次。

（4）雾化吸入法：中药雾化吸入是将药物通过超声雾化器雾化成雾状，然后用口含器对准于咽部，将药物吸入咽、喉，治疗咽喉疾病的一种方法。本法具有解毒润喉，止咳祛痰，利咽散结的作用，可用中药制剂，如玄麦甘桔汤、消梅合剂（银花、厚朴、薄荷、夜交藤、合欢皮、香附、冰片等药组成）等煎煮后每次取药液20ml雾化吸入。每次20～30分钟，每日1次。

（5）烙法：是用烙器烧烙患处，而达到治疗目的的方法。烙法一般分为两种，一种是火针烙法，另一种是烙铁烙法，也可用激光、微波代替之。本法主要烙于咽后壁有颗粒增生处，以减轻咽喉感觉异常。术前，先用1%的普鲁卡因喷咽1～2次，每次间隔3～5分钟，然后用激光或微波烧灼增生的颗粒表面，至表面变白为止，据增生颗粒的大小，可治疗1～2次。

（6）咽后壁刺血法：在咽后壁点刺放血，令患者张口，医者对好光线，左手持压舌板压舌，右手持针向咽后壁快速点刺5～7下，令患者吐出恶血，每日或2日1次，7次为一疗程。点刺要快速轻捷，不可过散，深浅要适度，过深易留咽痛，过浅则血不出而效不显，一般2～3mm即可。

（7）敷脐法：取威灵仙15g，研细，用陈醋调成糊状，外敷神阙穴，用伤湿止痛膏固定，每隔2天再换一次药。有部分患者敷后可出现小水疱，勿刺破，待其自行吸收，水疱消失后可再用本法外敷。一般用药2次即可见效，6次可望痊愈。威灵仙外敷神阙穴有理气宽胸之功。敷脐期间配合逍遥丸，每日3次，每次9g，可用温水稍加白醋冲服。

3. 针灸疗法

（1）针刺疗法：以局部穴位及肝经穴为主，并根据兼症之不同，而适当选取配穴。常用穴如足厥阴肝经的行间、太冲；局部的天突、廉泉、人迎。亦可取合谷、内关、太冲以疏肝理气，取丰隆以化痰散结。胸胁胀痛，嗳气吞酸者，配章门、膻中、气海；多虑多疑，少寐心烦者，配内关、劳宫、神门、通里；纳呆脘痞者，配足三里、中脘；头晕目眩，腰膝酸软者，配风池、百会、命门、关元、肾俞。亦可用毫针刺廉泉穴，针向上刺至舌根部，并令患者做吞咽动作，至异物感消失为止。

（2）穴位注射法：可选用柴胡或维生素B_1、维生素B_{12}注射液，于天突、廉泉、人迎、肝俞、阳陵泉、内关（每次选用1～2个穴位）注射，每次每穴注入1～2ml，2～3日1次。

（3）穴位埋线法：可选天突、廉泉、气海等穴位，行无菌可吸收缝线植埋。

（4）耳针疗法：各证型均可应用。取穴以咽喉、肝、胆、心、脾、肾为主，可用耳针针刺，亦可以王不留行籽贴压耳穴。

（5）发泡灸：斑蝥12g，血竭、乳香、没药、全蝎、玄参各2g，麝香、上梅片各1g。共研细末，瓶储备用。先在双侧人迎穴上用甲紫点记，次用小块胶布，中剪小孔贴穴上，再挑药末如绿豆大置小孔中，上盖较大胶布固定。夏天贴2～3小时即起小泡，冬天贴6小时起泡，起泡后揭去胶布，以消毒针头抽出黄水，涂甲紫，盖敷料固定。每隔5～7天换贴一次，第二次贴上人迎，第三次贴下人迎。一般梅核气患者均可单纯用发泡灸治疗，不需助治，如痰热明显或阴虚津伤或气郁痰结日久之重症，则可适当加用针刺治疗。痰热炽盛可在贴膏时，针泻鱼际，针补太溪，并在少商刺血数滴。阴虚咽干口燥者加针泻列缺，针补照海、三阴交。每天1次，留针10～20分钟，5次为一疗程，视病情可连续针刺1～3疗程。

（6）针挑疗法：主穴取太冲、膻中、天突、丰隆、鱼际、间使、神门。配穴取咽喉部阿是穴及肺俞、肝俞和颈夹脊3～6穴。每次选挑2～4穴，以挑筋法为主。

（7）穴位挑点：常规消毒，用2%普鲁卡因注射液局部麻醉，用普通外科手术刀或双面刀片横切开皮层，取特制针具挑治，由浅而深逐层挑断皮下纤维组织。挑治过程中可施以牵拉、摇摆、震颤等手法，直至切口内皮下纤维组织全部挑完为止。挑毕，上涂碘酊，外敷无菌小纱垫包扎固定。间隔5～7日挑治1次，3次为一疗程。针挑治疗可疏通经络，理气化痰。

（五）临床治疗经验

梅核气的治疗主要以内治法为主，根据梅核气的病因及脏腑的病理变

化，临床医生对其治法有不同的观点和经验。

1. 疏肝解郁法

普遍认为梅核气的主因为七情不舒，情志抑郁，肝失条达，肝气郁结，气机阻滞，肝气上逆，结于咽喉。故疏肝解郁法为主要法则应用于临床。方用逍遥散加减。

2. 化痰散结法

由于七情不舒，思虑伤脾，或肝病乘脾，以致脾虚运化失健，聚湿生痰，痰气互结于咽喉而发病。故化痰散结法亦为主要法则普遍应用于临床。方用半夏厚朴汤加减，或四七汤、越鞠丸加减。

3. 缓肝润燥法

缓肝润燥法是著名中医耳鼻喉科干祖望教授提出的，干老认为一部分梅核气患者是肝急脏躁而致，以更年期女子为最多，常有精神忧郁，幻觉，感情易于激动，反应过敏或迟钝，善于胡思乱想，恐癌。脉舌变化无一定规律。方用甘麦大枣汤加减。

4. 益气养血法

益气养血法治疗梅核气是名老中医蔡福养教授提出的经验，他认为脾为生化之源，若七情郁结，肝气乘脾，运化失调，导致气血生化无源而亏虚，精血不能上润咽喉而致病。故立益气养血法治之，以滋阴润喉。

5. 凉血治瘀法

用凉血活瘀法治疗梅核气亦是蔡福养教授提出的，蔡教授认为肝主藏血，若肝气郁结化热，循经上结咽喉而致咽喉不利，肝火炽犯心包，则失眠多梦。肝火炽盛，则急躁易怒、心烦等。证属血府瘀热。治宜凉血化瘀。方用血府逐瘀汤加减。

6. 开胸降逆法

开胸降逆法是名医蒲辅周对梅核气的治法，值得借鉴和研究，他认为患者多心情素急，容易生气，致病之初，咽喉有梗阻之物，疑为肿瘤，而情绪更加抑郁，"思则气结"，病情渐增无减。盖气本无形，忧则气滞，聚则似有形而实无形，气机阻滞，三焦不利，故咽阻、胸闷、脘胀、大便失调。久则必化热，以热郁则耗伤津液。紧扣气滞热郁，三焦不利的重点，用开胸降逆法，方瓜蒌薤白汤加减（全瓜蒌五钱、薤白三钱、法半夏三钱、黄连八分、炒枳实一钱、郁李仁二钱、川厚朴一钱五分、降香一钱、路路通二钱、姜黄二钱）。

7. 消除病因，安神定志法

亦有学者提出梅核气尚缺乏特效疗法，以综合治疗较为合理；认为七情内伤之病，应予说理疏导，使其思想开朗，心情舒畅，而后再以药石调理为宜。医生应以简明、通俗的谈话向患者解释疾病性质及发生机制，解除患者对疾病的误解和精神负担。对恐癌患者，应尽可能满足其合理要求，如X线检查、内镜检查、转院、会诊等，以消除恐癌心理，增强战胜疾病的信心。在此基础上再辨证服用中药，疗效更佳。

五、精用吹药愈喉疾

（一）喉科吹药应用规律

喉科吹药是中医喉科传统的、重要的外治方法，古人积累了丰富的经验。通过多年来的临床实践，朱教授将其应用规律作了如下总结。

1. 根据整体辨证，不同性质的病变应用不同性质的吹药方

喉科吹药方运用，要根据整体辨证，不同性质的病变应用不同性质的吹药方。

咽喉疾病有实证、热证、虚证、寒证的不同临床表现，而喉科吹药方亦有寒温之分。清轻寒凉的吹药方，用于实证、热证咽喉病；辛热温散的吹药方，可投于虚证、寒证咽喉病。另有涤痰涌吐的吹药方，可去咽喉痰液壅盛的症状。咽喉疾病多为火热之患，以实热之证居多，表现为咽喉局部红肿胀大、疼痛，满口糜烂，痰涎增多，高热不退，便艰尿赤，苔黄，脉数等证。选择应用之吹药方，应以清热解毒、清轻寒凉为主，如常用古方冰硼散，方中玄明粉，性寒，破结消肿；硼砂，性凉，清热解毒；冰片，性苦微寒，消肿止痛。又如朱黄散、冰射散等方中有黄连、黄柏苦寒泄火解毒；枯矾性寒，祛痰散火；石膏性大寒，清热泻火。这些药性皆属寒凉，都具有清热解毒、消肿止痛之功，使热退肿消，毒解而痛止。

由于虚证、寒证所致的咽喉病，吹药应宜辛热温散之剂，《医宗金鉴》的柳花散，治疗素体阴虚或劳伤过度阴液亏耗，以致肾阴受损，水不济火，虚火上炎之口疮，方中以肉桂辛温引火归元，黄柏、青黛散郁火。验方细辛散，祛散风寒，治疗风寒所引起的牙痛，方用细辛、白芷、荜茇温散风寒，冰片、青盐解毒辟秽止痛。另有龙眼白盐方，敷牙龈处，治阴虚火炎之牙齿

隐痛，牙根浮动，方中以龙眼引火归元，佐白盐以降虚火。又如验方补骨脂青盐散外敷亦治虚火牙痛。因此在临床中出现实证、热证、虚证、寒证不同性质的证候时，应用之吹药方亦随之而异，不可不辨虚实寒热而泛泛滥用。

2. 根据疾病病情的变化，灵活加减应用吹药方

喉科吹药方的组成与其他内科方剂一样，依证组方，在临证时应随着人体正气的强弱、受邪气之轻重、病情的变化、病状之不同，灵活地予以加减运用，以药味加减的变化、药物配伍的变化、药量加减的变化等不同形式出现。在《重楼玉钥》应用回生丹时就指出："临用挑少许吹患处，开关后，次日并体虚头晕者，即去麝香；毒肿渐平，并用刀破后，再去牙硝。"在《龙氏喉科秘书》亦有记载，在对金丹、碧丹兼用治疗喉痛、单双蛾时说："金丹、碧丹兼用，须知先后多寡，初起碧九分金一分，吹至五管，改用碧八金二；再次用碧丹七分，金丹三分；如症重碧金各半，用至三五次后，痰涎上壅，然后用金六碧四……即吊出痰；若症极重，竟用金八分，碧二分尤妙。"应用同一个吹药方，要辨证运用，灵活加减，如《疡医大全》四宝丹应用于临床时，当咽喉轻度红肿疼痛时，用雄黄、硼砂解毒清热，甘草利咽，冰片消肿止痛；若咽喉肿胀色红，疼痛加重，则加黄柏苦寒泻火，白芷止痛；若表面有腐烂加枯矾、煅人中白祛腐解毒。对验方清疳祛腐丹的应用也同样，本方为治疗走马牙疳的主方，方药的组成有清热解毒、软坚散结、祛腐止烂的雄黄、硼砂、煅人中白、枯矾；有清热凉血、解毒止血的蒲黄、黄柏、百草霜；有清热解毒、生肌定痛的甘草、血竭、牛黄；有芳香通窍，引药透达，并能消肿止痛的冰片等。临证中每每灵活应用之，对走马牙疳的治疗取得了很好的效果。当走马牙疳溃烂欲穿，腐肉增多时，方中加重祛腐解毒之药，如煅人中白、枯矾、犀黄；当高肿坚硬，色现紫暗时，则加重清热凉血、消肿解毒之药，如蒲黄、黄柏、犀黄；当腐肉不多而有出血时，加重止血之药，如百草霜、血竭、蒲黄等；当腐祛新肌欲长时，加重或入生肌收敛之药，如石膏、龙骨、儿茶、海螵蛸等。所以根据疾病变化，同一个吹药方，能辨证加减灵活运用，定能得到满意的疗效。

3. 根据咽喉局部病变症状的不同，应用功用主治不同的吹药方

各个不同的吹喉药方，和其他方剂一样，都有其组成的特点，有不同的功用、主治和用法。有的以消肿解毒、活血止痛为主；有的以清热解毒、化腐止烂为主；有的以消痰涤痰开关为主，等等，临床应根据病变出现的不同情况选择应用。

（1）红肿疼痛：多为气血壅滞所致，吹药方应以清热解毒、活血行瘀、疏通经络、调和血脉为主，而达到血流气行，热清毒解，肿消痛止的目的。

若咽喉红而不肿或肿痛较轻，症在初起，属风热上扰，宜辛凉解毒、消肿止痛、活血散结，如应用冰硼散、《三因极一病证方论》玉钥匙散、《疡医大全》四宝丹等吹药方。

若咽喉高肿或漫肿，色深红，发病迅速，多是外感邪热或火热上蒸，搏结于咽喉，属实热证候，用苦寒解毒、清热消肿、散瘀止痛，如冰麝散等。冰麝散较冰硼散加有黄连、黄柏苦寒泻火解毒，麝香通诸窍，胆矾祛痰散火，鹿角霜行血消肿，故效尤胜。

若咽喉部一侧肿胀高突，表面光亮，中有白点，触之柔软有波动之感，痛引耳窍，颔下起核，痈脓已成，用破坚散结、穿毒排脓，如《尤氏喉科秘书》代刀散、《医宗金鉴》白降雪散、烧盐散、二味拔毒散等，促其自溃脓出，肿消而愈。

（2）痰涎壅盛：咽喉热毒深重，红肿痛甚，痰涎增多，喉间痰鸣，呼吸急促，声音嘶哑，或牙关紧闭，用导痰涤痰或涌痰开关，如应用《重楼玉钥》碧雪散、碧玉丹，《喉科紫珍集》二圣散、金锁匙，《沈氏尊生书》通嗌散等取痰开关。

（3）腐烂：咽喉疾病之腐烂应视其大小、多少、厚薄、色泽（黄白、灰黑）选方，吹药治疗应以解毒祛腐为主。

若咽喉腐烂分散浅表，周围色红，多为热毒尚轻，用清热解毒、祛腐消肿，如应用《金匮翼》锡类散、《医宗金鉴》八宝珍珠散等。

若腐肉形厚，成片或洼陷，其色由红而紫而黯，气味秽臭，为火毒壅盛，蒸灼肌膜，用重剂祛腐解毒，如《外科传薪集》三星丹，《外科正宗》人中白散，《疡医大全》金不换散、验方清痹祛腐丹等。

若腐烂上覆白膜，坚韧不易剥离，强行剥离则出血，满布喉间，为时行疫毒上蒸咽喉，当迅速选用解毒润燥脱膜之剂，如《奇验喉证明辨》清凉散加雄黄、犀黄、珍珠等。

（4）出血：咽喉舌口疾病有时可以出现腐烂出血的症状，吹药方应选用以止血祛腐为主之方，如《尤氏喉科秘书》珍珠散、验方止血祛腐散等。

咽喉、口、舌等组织器官是整个机体的重要组成部分，喉科吹药的临床应用，不能离开中医治病的整体观念，更不能把咽喉吹药死板化、简单化、

庸俗化。中医喉科特有的吹药治疗方法必将得到重视，并加以研究，广泛地应用于临床。

（二）喉科吹药的治疗作用

喉科吹药是将各种功用不同的药物制成极细的粉末，喷吹在咽喉、口腔黏膜上，使药物直达患处而达到治疗作用。它在咽喉口腔病初起，红肿、疼痛、溃烂等各种急性炎症，以及出血等不同症状治疗中能收到特殊的效果。临床诊疗过程中朱教授初步总结了中医咽喉古代吹药的作用，根据这些传统的方法，也研制了几种不同治疗作用的咽喉吹药，对咽喉、口腔某些疾病的试用也收到较好的效果，现初步介绍如下。

1. 消肿止痛

消肿止痛作用的吹药方，如《外科正宗》冰硼散、经验方冰麝散之类。冰硼散用元明粉破结消肿，二砂清热解毒，冰片止痛。冰射散用黄连、黄柏清热解毒，胆矾祛腐散火，鹿角霜行血消肿。两方都有清热解毒、消肿止痛的作用，适用于咽喉、口腔病初起，由于气血热毒壅滞，表现为局部红肿热痛之症。如急性扁桃体炎、急性咽炎、扁桃体周围脓肿等。朱教授自制应用于临床之清热消炎散，由雄黄、硼砂、黄柏、薄荷、甘草、白芷、冰片组成，研制成极细粉末，每2小时吹喷患处1次，具有比较明显的清热解毒、消肿止痛作用。

2. 化腐止烂

化腐止烂作用的吹药方，如《金匮翼》锡类散，方中用壁钱、人指甲、珍珠粉等解毒祛腐、止烂生新；《外科正宗》人中白散，方中重用人中白化腐；《外科传薪集》三星丹，方中用白砒、胆矾、雄黄祛腐。这类吹药用之能解毒祛腐，使腐肉迅速脱落，病变停止发展，具有化腐止烂的作用。适用于热毒深重，气血瘀滞，作腐疼痛，或腐后烂肉不脱，易侵四周之症。如化脓性扁桃体炎、白喉、坏疽性口炎（走马牙疳）等。自制应用于临床之黄氏清疳祛腐丹，由西黄、雄黄、硼砂、煅人中白、百草霜、黄柏、蒲黄、薄荷、甘草、枯矾、冰片组成，治疗坏疽性口炎（走马牙疳）效果非常明显，吹之能使腐脱烂止，腐去肌生，疮口速愈。又如消炎祛腐散，由雄黄、硼砂、煅人中白、黄柏、青黛、枯矾、珠粉、冰片组成，治疗化脓性扁桃体炎，吹于扁桃体表面，使黄白色膜状物即能迅速去除。

3. 托毒排脓

托毒排脓作用的吹药方，如《尤氏喉科秘书》消肿代刀散，《医宗金鉴》二味拔毒散、烧盐散、八宝珍珠散、结毒灵药等，都是促使脓肿自溃穿破而设的吹药方。适用于咽喉病脓肿已成而未溃破，或已溃破而脓汁流而不尽之症，具有托毒排脓的作用，如咽喉部脓肿，或脓肿手术后，都可应用这类吹药。自制的验方代刀散，用枯矾、白芷、雄黄、冰片研末，亦属这一类。

4. 消痰开关

消痰开关作用的吹药方，是由化痰涤痰、解毒涌吐的一些药物组成。用法有二，如《咽喉经验秘传》中搐鼻取一字散，吹鼻中除顽痰，用雄黄解毒，生矾消痰，藜芦、牙皂涌痰；《喉科紫珍集》二圣散、金锁匙散，吹入咽喉消痰，用胆矾、僵蚕、雄黄祛痰。这些都具有消痰开关的作用，适用于咽喉疾病痰涎壅盛，口噤不开，汤水饮食不能入口，危及生命重症，以消痰开关，导出痰涎。临床中所用的吹喉取痰散（由陈胆星、硼砂、礞石、天竺黄、白前、猴枣组成）及化痰祛腐散（由猴枣、硼砂、雄黄、胆星、枯矾、煅人中白、黄柏、冰片组成）对消痰开关、化痰祛腐，都有一定的效果。

5. 生肌收口

生肌收口作用的吹药方，如《外科大成》牛黄生肌散、《焦氏喉科枕秘》生肌散，方中用龙骨、海螵蛸、儿茶、珍珠、血竭、琥珀等生肌收敛。适用于咽喉腐烂已止，局部溃而未敛，或口腔黏膜溃疡，如口疮等，吹之以帮助生长新肌，加速疮口的愈合，具有生肌收口的作用。自制应用于临床之吹喉生肌散，由龙胆草、雄黄、生石膏、青黛、儿茶、黄柏、蒲黄、龙骨、甘草、冰片组成，特别对成人之口疮，吹之几次能迅速促使疮口愈合，作用明显。

6. 收敛止血

凡喉科遇出血之症，必先止血。在一部分喉科、口齿唇疾病，如牙疳、牙衄诸症，都有不同情况出血现象，常用一些以止血药为主如百草霜、血竭、蒲黄、血余炭、儿茶等分别不同情况组成吹药，吹于患处起到止血的作用。如《尤氏喉科秘方》珍珠散，临床中应用之验方止血散（血竭、百草霜、蒲黄、煅矾、冰片），或加龙骨、儿茶、海螵蛸、参三七、血余炭等研

制成极细末。适用于咽喉、口齿、唇、舌等出血之症，这类吹药都具有收敛止血作用。

（三）小结

（1）通过总结古人之经验及临床实践，喉科吹药对咽喉、口腔不同疾病症状的应用，确实能收到消肿止痛、化腐止烂、托毒排脓、消痰开关、生肌收口、收敛止血等作用，并有较好的治疗效果，因此对祖国医学传统喉科吹药的治疗方法和作用，应予以重视、研究，并不断加以提高。

（2）喉科吹药具有较好的治疗作用，在临床上对于一般的喉科疾患，亦常常仅用吹药就能取效，但也并不能忽视内服汤药的重要性。对于严重的咽喉疾病、口腔疾病，如结毒口糜、烂头蛾、喉痈、走马牙疳、白喉等有全身症状者必须内外兼治，使能迅速取效而病愈。

（3）喉科吹药作用是明显的，但临床中咽喉、口腔出现的局部病变症状是错综复杂的，并不只是单独出现某一症状，如肿胀、疼痛、腐烂、出血等都可先后或同时出现。选用吹药方时要抓住主要矛盾，有先用祛腐作用为主的吹药方，或先用消肿作用为主的吹药方，或祛腐消肿作用并重的吹药方。同样，其他一些局部症状的出现亦应分清主次而灵活掌握。

（4）吹药虽有特殊的作用，从治法标本缓急来看，一般认为吹药为治标之剂，在具体运用上应正确掌握，如内热火毒壅盛，致咽喉肿胀，若火毒之本不去，亦难挫其标，必须标本兼施才能获愈。又如咽喉局部症状特别紧急之急喉风、喉痈，痰涎壅盛，喉关闭塞，汤水难入，必须急则治标，先用有涌吐痰涎作用之吹药使局部闭塞得解，后标本兼治。所以临床上正确认识吹药的治疗作用，对掌握和运用吹药治疗咽喉、口腔疾病都是有帮助的。

第二节　耳科疾病证治

一、脏腑同治止耳鸣

朱教授从事临床几十年，认为中医在治疗耳鸣方面有独特的优势，耳与五脏关系密切，耳为宗脉之所聚，十二经脉皆与耳相关，临床治疗当从整体出发、强调辨证论治。朱教授认为耳为清窍，治疗当从肝、脾、肾三脏论之，肝得舒，脾得健，肾得充，则耳聪目明；反之肝、脾、肾三脏任何一脏受损，都会影响清窍的功能，从而产生相应的病理变化。

（一）从肝论治，注重舒肝，兼以化瘀通窍泻火

朱教授认为肝病致耳鸣可从三个方面考虑，第一方面肝为刚脏，喜条达而恶遏郁，肝得舒则气机调畅，血气平和，耳窍得以濡养，反之肝气不舒，则郁而化火，火热循经上犯清窍导致头晕耳鸣，如《素问·六元正纪大论》所言："木郁发之……甚则耳鸣眩转"；第二方面肝胆之脉上入于耳，肝胆湿热循经上犯清窍可致耳窍闭塞，进而耳聋耳鸣；第三方面肝主藏血，中医认为肝具有贮藏血液和调节血量的功能，肝的藏血功能正常，则周身得以濡养，正如《素问·五脏生成》所言："肝受血而能视，足受血而能步，掌受血而能握，指受血而能摄"，所以肝的藏血功能正常，则耳受血而能听，反之则致耳聋，甚或耳鸣。临床中常选用小柴胡汤、龙胆泻肝汤、当归龙荟丸、全天麻丸、天麻钩藤饮等方剂加减。

医验举隅

患者，男，23岁。因反复双侧耳鸣4～5个月，于2012年6月20日就诊，诉耳鸣如潮，持续不已，头晕，偶尔耳痛，口苦咽干，梦多，难以入睡，大便干，2～3天一次，小便黄。检查见：双外耳道正常，双鼓膜完整无光泽，舌暗红苔薄黄，脉弦涩。朱教授认为该患者肝气不疏，一方面有气郁化火上扰清窍之缘，另一方面有气机逆乱引发血瘀致耳脉闭阻不通之故，所以治当从肝入手，疏肝为主，兼以化瘀通窍泻火，方用龙胆泻肝汤加通窍活血汤加减。处方：龙胆草8g，黄芩9g，夏枯草12g，郁金10g，柴胡12g，丹皮9g，赤芍10g，葛根12g，石菖蒲10g，夜交藤30g，桃仁10g，川芎10g，丹参15g，路路通10g，地龙9g，枳壳9g，7剂水煎服。

二诊：患者诉耳鸣无明显改善，睡觉较前好转，大便基本一天一次，质软，小便正常，查见舌暗红苔薄黄，脉弦涩，继予上方7剂。

三诊：诉耳鸣减轻，夜寐正常，二便无殊，查见舌红苔薄黄，脉弦，小涩，在上方基础上去龙胆草、夜交藤，加红景天活血通痹。

四诊：患者诉白天嘈杂环境中基本听不到耳鸣，在前方基础上去夏枯草、路路通，7剂。

五诊：患者诉不注意听则听不到耳鸣，遂给予停药观察，嘱患者注意保持心情舒畅。

按： 方中龙胆草苦泄胆火，黄芩、柴胡疏肝清热，夏枯草、郁金柔肝理气解郁，丹皮、赤芍清热，葛根、桃仁、川芎、丹参、枳壳行气活血，兹以

路路通、地龙通络，石菖蒲开窍，夜交藤安神，全方共奏疏肝理气，化瘀通络之功。

（二）从脾论治，注重健脾益气，升阳祛浊开窍

朱教授根据《灵枢·口问》中"人之耳中鸣者，何气使然?岐伯曰：耳者，宗脉之所聚也，故胃中空则宗脉虚，虚则下溜，脉有所竭者，故耳鸣"；《素问·玉机真脏论》中"脾为孤脏，中央土以灌四傍……其不及，则令人九窍不通"等理论，认为脾为后天之本、气血生化之源，主运化水湿，输补水谷精微，滋养全身，脾气升清，耳窍清灵。若饮食不节，劳倦伤脾，脾虚不能化生气血上奉于耳，耳窍易为邪犯邪滞。另耳为清阳之窍，唯清阳之气易达之，脾胃乃气机升降之枢纽、后天生化之本源，具有升清降浊之功效，若脾胃虚弱，清阳不升，浊阴不降，可致耳窍为浊气所蒙，同时若脾虚运化无力，则易致痰湿内生，脾虚不能化湿，湿浊内困，清阳不升，耳失清空，均可致耳司听失聪，脾不及可令九窍不通。临床常用健脾升清、健脾化湿、健脾化痰、渗湿通窍、升清降浊、益气充耳等法则、方药，从脾论治，注重健脾益气，升阳祛浊开窍，选用脾经药物治耳鸣耳聋。临床常用补中益气汤、益气聪明汤、参苓白术汤等方加减。中药如黄芪、茯苓、党参、白术、葛根、升麻、荷叶、藿香、石菖蒲、生甘草、陈皮、生米仁等。

医验举隅

患者，女，39岁。2012年5月11日因双侧耳鸣2个月就诊，诉左侧较重，耳鸣如蝉，有时"嗡嗡"作响，双耳胀塞感，劳则加重，平日头晕嗜睡，乏力，口臭，口中黏腻不爽，食欲差，便溏，检查见：双外耳道正常，耳膜完整，稍有内陷，舌苔厚腻，脉细滑。诊断为脾气虚弱，升降失常，运化失司，方予益气聪明汤、加味二陈汤加减。处方：黄芪12g，党参10g，怀山药12g，升麻6g，葛根12g，蔓荆子10g，石菖蒲10g，茯苓10g，制半夏10g，陈皮12g，白术12g，浙贝10g，枳壳9g，郁金9g，黄柏10g，7剂水煎服。

二诊：诉耳鸣基本同前，右耳闷塞感，略有耳痛，头晕较前好转，食欲改善，大便基本成形，查见舌苔薄腻，脉细，考虑病久兼瘀，予上方加川芎、地龙增强活血通窍之功，14剂继服。

三诊：耳鸣基本好转，无耳痛，偶尔耳塞感，继于上药7剂治疗。

四诊：患者诉耳鸣耳痛基本消除，耳塞感消失，遂予以停药，嘱患者注意休息，警防过劳。

按：方中黄芪、白术、茯苓、党参、怀山药具有健脾补气，升阳利湿泄浊之功效；蔓荆子、石菖蒲清利头目，升清通窍；半夏、陈皮、浙贝理气健脾，化痰除热；枳壳、郁金行气安神；升麻、葛根升阳发表；黄柏反佐和降，全方共奏益气升阳，泄浊开窍之效。益气聪明汤特别是黄芪可促使钠、钾离子含量、ATP酶活性增高，保护内耳毛细胞。

（三）从肾论治，注重补肾填精，养耳益窍

朱教授认为肾开窍于耳，耳为肾之外窍，即耳的功能是否正常有赖于肾气肾精的强弱。《灵枢·脉度》说："肾气通于耳，肾和则耳能闻五音。"《丹溪心法》说："肾气通于耳，所主者精，精气调和，肾气充足，则耳闻而聪。"《证治汇补》说："肾气充足，耳闻而聪，若疲劳过度，精气先虚，四气得以外入，七情得以内伤，遂致聋聩耳鸣。"《灵枢·海论》说："髓海有余，则轻劲多力，自过其度；髓海不足，则脑转耳鸣。"王清任《医林改错》说："灵机记性在脑者……两耳通脑，所听之声归于脑。"《灵枢·决气》说："精脱者，耳聋。"《类证治裁》说："足少阴肾窍于耳，肾气充足则耳听聪，古'经'言精脱者，耳聋者。"《医林绳墨》说："肾气充实则耳聪，肾气虚则耳聋。"《丹溪心法》说："肾通于耳，所主者精，精气调和，肾气充足，则耳闻而聪。"肾主骨生髓，通于脑，主藏精，而精能生髓，髓居于骨中，上通于脑，"脑为髓之海"，耳与脑相连。肾精充沛，髓海充足，充分发挥其生理功能，则耳聪目明，听觉灵敏，分辨力高；反之肾气亏损，肾精空虚，髓海不足则易致耳鸣耳聋等病理变化。肾为听觉之本，与肾之精气有关。肾的精气是听觉产生的根本物质。《杂病源流犀烛》总结性称"肾为耳聋之源"。所以耳之听觉产生根源于肾，耳之听觉失聪亦源于肾。肾中精气充盛则耳聪，肾中精气虚衰则耳聋。总之，中医"肾"与听觉关系极大。肾是听觉产生与发挥的本源，是研究听觉的中医理论依据。从肾论治，注重补肾填精，养耳益窍，是治疗耳鸣的一个重要法则。临床中此类患者较多，病程日久，或劳累太过，或年长体衰，或小儿先天不足等。常用六味地黄丸、杞菊地黄丸、左归丸、右归丸、肾气丸、耳聋左慈丸等方加减。常用中药如熟地黄、炙萸肉、补骨脂、骨碎补、杞子、炒杜仲、何首乌、仙灵脾、淫羊藿、桑椹子、川断、菟丝子、金樱子、桑寄生、肉苁蓉、山药、茯苓等。

医验举隅一

患者，女，51岁。2012年6月1日因左耳鸣1个月就诊，耳鸣呈"嗡嗡声"，日渐加重，久治不愈，头晕，腰酸，夜寐不安，舌红少苔，脉沉细。耳膜完整，内陷。诊断为肾阴亏虚，耳窍失养，方用耳聋左慈丸加减。处方：熟地12g，山茱萸10g，怀山药12g，丹皮12g，泽泻12g，茯苓12g，煅磁石30g，五味子6g，石菖蒲10g，夜交藤30g，巴戟天10g，7剂水煎服。

二诊：诉头晕稍有改善，耳鸣基本同前，予上方加龟板、鳖甲各15g滋阴潜阳，10剂继服。

三诊：患者诉基本感觉不到耳鸣，头晕消失，继续予以上方7剂巩固治疗1周后停药。

按：方用六味地黄丸滋补肾阴，煅磁石镇摄，五味子敛精，石菖蒲、夜交藤开窍安神，龟板、鳖甲滋阴清热。其中巴戟天现代药理研究表明含有维生素、糖类、蒽醌类、黄酮类等，根皮中含有铁、锰、锌等16种微量元素。动物实验推断其可能具有肾上腺皮质激素样作用。

综上所述，朱教授认为临床耳病不外乎肝、脾、肾三脏之虚实引发，心肺为主引发者少见，同时朱教授强调耳鸣患者临床需注重情志及心态调节，告诫患者饮食宜忌，劳逸结合，适当锻炼运动。在施方用药时，辨证加入重镇安神的五味子、炒枣仁、夜交藤、制远志、龙齿、紫贝齿、磁石等。亦常加入蝉衣、石菖蒲行气祛风、通窍止鸣之药。还常加入丹参、泽兰、红景天、路路通、川芎、当归、赤芍、茜草、丹皮等养血活血之品。对耳鸣治疗注重肝脾肾、整体调治，灵活达变，辨证施方用药，收效甚佳。

医案举隅二

高某，女，56岁。2010年9月3日初诊。患者中年女性，已绝经。近半年来间断性耳内鸣响，呈吹风样，遇劳加重，常感腰酸乏力，烦躁易怒，伴夜眠不安，大便干结。局部检查见：双耳语言听力稍差，鼓膜完整，色暗淡，左侧略凹陷，神志尚清。舌质红，苔少，脉细数。辨证为肝肾亏虚，治宜补肾填精，充养耳窍，方选百合固金汤加减。处方：生地12g，萸肉10g，炒丹皮10g，茯苓12g，泽泻10g，牛膝10g，山药10g，麦冬15g，生黄芪15g，枸杞子15g，夜交藤30g，远志15g，7剂。

二诊：服药后，耳鸣情况在第3天明显感觉有好转，听力恢复不明显，至复诊当天，患者仍自觉烦躁难安，乏力，夜眠虽稍好转，但夜梦较多，大便渐通，检查见鼓膜色泽转光亮。舌质红、苔白，脉细数。上方加茜草

10g，灵磁石30g，7剂。

三诊：耳鸣较前明显减轻，听力好转，夜梦明显减少，夜眠转安，大便通畅，但仍偶感乏力。舌质淡红，苔薄白，脉细。上方去麦冬、生地，7剂，2日1剂。

四诊：诸症基本消失，嘱患者平时调畅情志，忌食辛辣、油炸及刺激性食物，多吃青菜、水果及蜂蜜等，再以杞菊地黄丸持续服用。

五诊：患者听力如初，无耳鸣，病愈如初。

二、驱邪养窍增耳音

（一）治聋经验

暴聋系指耳内骤感胀闷堵塞、听力急剧下降的急性耳病，现代医学称为突发性耳聋。临床上因暴聋就诊的患者日渐增多，一般往往已经过住院治疗，其疗效不显或效果进展不快，要求中医中药治疗，根据中医学理论，结合患者的不同情况、不同病史、个体差异及舌苔脉象，进行整体辨证，立法处方。朱教授在数十年的实践经验基础上，提出了以下几个观点。

1. 重视就诊时间

"暴聋"又称"卒聋""风聋""厥聋"，暴、卒、风、厥皆指发病迅速，风善行而数变，耳聋常发生于一瞬间，一般不超过48小时即达到高峰，且发生前无明显的自觉症状。由于各种因素，有一部分患者未重视，且未及时就诊，失去最佳治疗时间。朱教授在临床中发现，患者自发病至入院小于15天的治疗效果明显好于发病至入院大于15天者。最好能在1周内就诊。因些，一旦突聋发病应及早就诊、及早治疗，对听力进行抢救性治疗，可取得明显效果。

2. 病之早、中、后的辨析

在临床中，对突发性耳聋患者的发病原因及病情长短，采取早、中、后三段分辨，针对性的制定。

根据中医理论病之初起，病邪多在肌表，风邪为先，突发性耳聋患者亦不例外，《医家四要》说："盖耳为清窍之窍，清阳之会，流行之所，一受风热火郁之邪，则耳遂失聪矣。"外邪侵犯耳窍，邪滞耳络，脉络瘀阻，耳即失聪，听力遂减，耳聋处于病初起、病程短之早期阶段，早期治之应祛风，祛邪通窍。

当突发性耳聋经过极期，听力下降到一定程度，病情持续，既不进展，亦未改善，如得不到及时有效的治疗，听力会在很长的时间里得不到恢复，及至永久性的听力丧失，病情处于持续状态，往往风邪虽去，但常余邪未清，羁留不去，壅滞瘀积耳窍，病程延时之中期阶段，治之应通滞，祛瘀复聪。

当突发性耳聋经多方治疗后迁延不愈或失治，可数月至几年，听力仍未改善，耳鸣亦甚，同时出现头晕乏力，目糊神疲，腰膝酸软，夜寐欠安，或懒言少气，纳食不佳，便溏等症。病程日久，劳伤气血，病及脾肾，为病之后期，治之应扶正，攻补兼施。

3. 临床辨证分型与用药

对突发性耳聋根据临床症状及舌苔脉象，进行虚实、脏腑辨证分型，遣方用药。

（1）风毒侵袭，邪窜耳窍：症见症状初起，或近感风邪，听力突然下降，耳内阻塞胀闷，听力检测为感音神经性耳聋，苔薄白，脉浮数或数。邪尚在肌表，治疗多从疏风祛邪，解毒通窍立法，选用防风、荆芥、羌活、苍耳子、石菖蒲、薄荷、藿香、板蓝根、葛根、忍冬藤等，同时可酌加丹参、赤芍、茜草、川芎。

（2）痰湿困结，壅塞清窍：这类患者多因体内素蕴痰湿，卒感风毒之邪，挟体内之痰湿上逆，蒙阻听宫，症状除发病初期有听力下降，恶心呕吐，眩晕欲仆外，还见听力下降持续不改善，耳胀闷，头重，倦怠，口淡纳呆，苔腻等症。治宜祛痰化湿，行瘀通窍。药选茯苓、半夏、泽泻、车前子、木通、生米仁、石菖蒲、枳壳、地龙、丝瓜络等。

（3）肝火上扰，遏闭清窍：常因风毒之邪引肝胆之火上扰，循经上逆，遏闭清窍，卒然耳聋。《素问·脏气法时论》曰："肝气逆则耳聋不聪。"《素问·厥论》曰："少阳之厥则暴聋。"症见听力下降，耳鸣如蝉，耳内胀闷闭塞，头晕，咽干，夜寐不安，便秘溺数，舌红脉弦数。治疗多宗《医学准绳六要》"左脉弦急而数，属肝火，其人必多怒，耳鸣或耳聋，宜平肝伐木，龙胆泻肝汤，不已，龙荟丸。"药用龙胆草、栀子、黄芩、夏枯草、木通、泽泻、柴胡、地龙、川芎等加减。如耳鸣较甚，夜寐不安，可佐入灵磁石、辰茯苓、夜交藤等。

（4）气血郁滞，瘀阻耳窍：常因风毒之邪外侵，上犯听宫，逆乱耳窍气血的正常运行，使之耳窍经气不舒，脉络壅阻，气血滞留，瘀阻清窍，耳聋失聪。这类患者除听力下降外，还可伴有高音调耳鸣，或感内耳疼痛、发胀，舌质紫苔薄，或有瘀点，脉弦而涩。治疗以祛瘀活血、行气通窍为主，以通窍活血汤加减，可选用川芎、赤芍、桃仁、红花、地龙、葛根、丝瓜络、石菖蒲、泽兰、板蓝根等。药后部分患者耳内有发痒、动气等感觉，这是内耳气血逐渐通畅，听力有望恢复的征兆。

（5）肾虚精脱，耳窍失养：有暴聋患者经数月或数年后，听力及临床症状仍未改善者，多数患者往往在听力障碍的同时还可伴头晕乏力、腰膝酸软、目糊脱发、夜寐欠安等症，正如《明医指掌》中曰："若劳伤气血，风邪袭虚，使精脱肾惫，则耳转而聋。"但这部分患者完全恢复听力已有一定困难，所以这阶段应以改善患者体质、减轻临床症状和尽可能地提高或维持患者的听力为主。所以治宜益肾填精，充耳司听。考虑到内耳经络仍有瘀滞的可能，应适当地佐以活血祛瘀的药物，以起到攻补兼施的作用，可用耳聋左慈丸或补骨脂丸等方加减。药选生熟地、补骨脂、菟丝子、当归、石菖蒲、磁石、桑椹子、川芎、赤芍、葛根、丝瓜络等。

（6）脾虚下陷，清阳不升：部分患者有听力障碍的同时还可以出现气虚下陷、清阳不升的症状，症见耳聋，头晕倦怠，少气懒言，劳累加剧，饮食减少，便溏，苔薄脉细弱。此属《四圣心源》所曰："脾陷胃逆，清气不升，浊阴不降，虚灵障蔽，重听不闻。"此处虚灵即指听宫，因浊阴上逆，听宫蒙蔽而失聪。治宜益气升阳，补脾健胃。方用益气聪明汤或补中益气汤加减。药选人参、黄芪、升麻、葛根、赤白芍、炒白术、怀山药等加减。

（7）脾肾两虚，耳失滋养：突发性耳聋病已数月经年，脾为后天之本，脾虚生化无力，水谷之精微无以充养耳窍。肾为先天之本，主藏精，开窍于耳，肾虚精气耗衰，耳失滋养。症见耳聋耳鸣加重，头晕乏力，畏寒怕冷，腰膝酸软，夜寐多梦，大便溏薄，小便清长，纳差口淡，舌淡苔薄，脉沉细弱。治当健脾益肾，用益气聪明汤合补肾汤加减。药用黄芪、党参、升麻、葛根、白芍、甘草、巴戟天、山萸肉、远志、地黄、石菖蒲、丹皮、肉苁蓉、丹参等。

（二）常用治聋中药

中药学是一个伟大的宝库，古人在长期的临床实践中积累了丰富的经验，各时期医学对耳聋的治疗也提出了大量的方和药，现将古代文献中治疗耳聋的方和药作过初步的整理、分析，对古代常用治聋中药结合现代药学理

论归纳如下。

1. 临床常用治聋中药

按照临床常用中药药物的主治功效可把这些药物归纳为以下几类。

（1）健脾益气类：人参、黄芪、白术、山药、甘草、五味子。

（2）渗湿利水类：茯苓、米仁、猪苓、木通、虎杖根。

（3）滋养肝肾类：生地、熟地、杞子、桑椹子、女贞子、首乌、山萸肉、石斛、黄精、龟板、补骨脂、骨碎补、巴戟天、淫羊藿、肉苁蓉、胡桃肉、羊肾。

（4）活血化瘀类：丹参、川芎、红花、赤芍、茜草、泽兰、水蛭、银杏叶、郁金、毛冬青、地龙、路路通。

（5）安神止鸣类：灵磁石、远志、枣仁、五味子、珍珠母、蝉衣。

（6）祛风通窍类：柴胡、升麻、葛根、菊花、蔓荆子、白蒺藜、石菖蒲、僵蚕。

（7）清气化痰类：黄芩、瓜蒌、浙贝、陈皮、枳壳、胆星。

2. 临床常用中药治聋的依据

《灵枢·邪气脏腑病形》指出"十二经脉，三百六十五络，其血气皆上于面而走空窍……其别气走于耳而为听。"耳为清空之窍，乃清阳生发之处，各种内外因素使五脏六腑、十二经脉、三百六十五络发生功能变化，影响耳之"清空""清阳"，均可发生耳听失聪，而致耳鸣耳聋。古人认为耳窍的生理功能正常与否与肺、脾、肾三脏关系最为密切，所选择的常用中药以治这三脏的药物为多，是有一定理论依据的。

肺主络脉会于耳，肺之结穴在耳中，名曰葱茏，专主乎听。且肺主一身之气，主宣发肃降，调和气血，通调水道。若外感六淫邪气，内伤情志劳倦均可犯及肺经，造成肺失宣降，肺气郁闭，水道失调，肺气虚损等病理变化，产生气闭气滞，水湿痰浊，脉络瘀阻而致耳窍病变，听力失聪。故常用宣肺祛邪，肃肺化痰，清肺通窍，益肺升清等方药治之。通常所说"耳聋治肺"，选用肺经药物。

脾为后天之本、气血生化之源，主运化水湿，输补水谷精微，滋养全身，脾气升清，耳窍清灵。若饮食不节，劳倦伤脾，脾虚不能化生气血上奉于耳，耳窍易为邪犯邪滞。另脾虚不能化湿，湿浊内困，清阳不升，耳失清空，均可致耳司听失聪，脾不及可令九窍不通。临床常用健脾升清、健脾化湿、健脾化痰、渗湿通窍、升清降浊、益气充耳等方药，选用脾经药物治聋。

肾为先天之本、主耳，耳为肾之窍，肾气通于耳，肾藏五脏六腑之精气，上滋耳窍，发挥耳窍正常生理功能，听觉聪敏。故"肾和则能闻五音矣""若精气调和，肾气充足，则耳目聪明"。若素体虚弱，久病伤肾，老年体虚等耗损肾精，耳失所养，则耳闻失聪，听觉受损。

又肾主骨，生髓，上通于脑，脑为髓海，耳与脑相连。肾精通过髓海而滋养耳窍，助耳生长发育。若肾精充盛，髓海充足，精气灌耳，耳窍健壮，耳听聪慧；反之，若肾精不足，则髓海空虚，耳失所养，则脑转耳鸣。

肾主水，对体内水液的分布、排泄起着重要作用，主要涉及肾的气化和通调水道功能。肾的气化正常，开阖有度，能保持机体包括耳的内环境稳定，发挥耳窍的正常生理功能，则听力正常。

因此，认为耳之听觉的产生源于肾，听觉的失聪亦源于肾。根据以上耳与肾的关系，临床治聋从治肾入手是一个非常重要的法则，而且已证明很多补肾的中药治疗耳聋具有显著的效果。

病之日久，脏腑失调，气血不和，病位在耳，均可导致邪滞、结聚，脉络受阻，气血瘀滞，耳窍闭塞而耳聋。如情志不舒，肝气郁结，经气不行，上犯耳窍；劳伤心脾，气血不足，心血不畅，气血不充耳窍；或外感邪毒，邪留毒结，气血不和，闭阻耳窍脉络等。以上诸因最终可致耳窍气血失调或气血瘀滞，故临床中常选择活血祛瘀之方药治耳聋。

3. 常用治聋中药药理述要

治疗耳聋中药目前已被耳科专家广泛重视和应用，对其疗效机制亦在深入研究。现选择一部分介绍，供参考研究。

（1）柴胡：性凉，味苦入肝、胆经，《本草再新》记载入心、肝、脾三经。功效和解表里，疏肝升阳。治寒热往来，胸满胁痛，口苦耳聋，头痛目眩，能改善多种原因所致炎症早期毛细胞血管通透性增加或渗出水肿。日本耳科专家曾研究以小柴胡汤合五苓散（柴苓汤）治疗感音性耳聋的机制，认为柴苓汤能促进机体分泌类固醇，增加抗炎作用，同时调节水液代谢，改善内耳脂质代谢和抑制活性氧产生。

（2）灯盏花：性温，味辛、微苦。具有散寒祛风除湿，活络止痛功效。1970年云南医务工作者发掘民间用灯盏花治疗瘫痪经验，对高血压、脑出血、脑血栓形成、多发性神经炎、慢性蛛网膜炎及其后遗症有一定疗效。

实验研究表明灯盏花注射液具有扩张脑血管作用，能降低脑血管阻力，增加脑血管血流量，改善微循环，降低全血黏度，对抗血小板凝集作用，改善内耳血液循环，提供足够量的氧与营养物质，用于治疗耳聋。

（3）淫羊藿：性温味辛，入肝、肾二经。具有补肾壮阳，强筋健骨，祛风除湿功效。近年来很多学者用此药治疗肾虚耳鸣耳聋。淫羊藿与其他补肾药物配伍，可保护和改善肾功能，促进能量代谢及蛋白质合成，特别是可促进ATP酶、琥珀酸脱氢酶合成，促进细胞DNA合成。

（4）补骨脂：性温味辛、苦，入脾、肾二经。具有补肾助阳，温脾止泻功效。补骨脂与其他常用补肾药如胡桃仁、杜仲配伍的"青娥丸"用治肾阳虚亏，腰膝酸软，小便余沥之症。近年研究显示补骨脂有扩张冠状动脉的作用，其中补骨脂乙素能兴奋心脏，提高心脏功能。目前用来治疗肾虚耳聋，听力减退。

（5）茯苓：性平，味甘、淡，入心、肺、脾、膀胱经。具有利水渗湿，健脾补中，宁心安神功效。目前研究发现，茯苓保护内耳的机制很可能是通过影响内淋巴液的含量及离子成分，或者直接作用于毛细胞而发挥作用。茯苓有利尿作用，并能促进K^+、Na^+、Cl^-等电解质的排泄，通过利尿作用，促进体内药物的排泄，降低血中及内淋巴液中的药物浓度，从而减轻耳毒性药物对内耳的损害。茯苓有对抗庆大霉素耳毒性的作用。

（6）骨碎补：性温，味苦，入肝、肾经。具有补肾，接骨，活血功效。常用于肾虚牙痛，耳鸣，久泻等证，常与怀牛膝、山药、菟丝子等补肾药合用；亦可用于跌打损伤、瘀肿疼痛之证。中药学记载，骨碎补煎剂与硫酸链霉素同用，能明显减轻硫酸链霉素的毒性反应，曾试用于21例患者，有效率为90%，推测本品对链霉素毒性反应有一定的解毒作用。

目前有的学者报道，骨碎补可促进三磷酸腺苷酶（ATP酶）的合成，促进琥珀酸脱氢酶合成，促进细胞DNA合成。

（7）黄芪：性微温，味甘。具有补气升阳，益卫固表，托毒生肌，利尿退肿作用。补丈夫虚损，五劳羸瘦，为主要的补气药。现代药理研究表明，本品能兴奋中枢神经系统，增强网状淋巴系统的吞噬功能，提高抗病能力，并有扩张血管作用。大白鼠口服大剂量黄芪粉对血清性肾炎的发病有阻抑作用。运用于耳聋听力障碍方面，黄芪可促使Na^+，K^+-ATP酶活性增高。

（8）丹参：性寒，味苦，入心、心包、肝经，《本草经疏》谓入手足少阴、足厥阴经，是心、脾、肝、肾、血分之药。具有活血祛瘀，凉血消痛，除烦安神功效。丹参有改善外周循环，提高常压和低压条件下肌体的耐缺氧力，加快微循环血液流速，增加毛细血管网等作用；能促进组织的修复与再生，抑制过度增生的纤维母细胞和肿瘤的生长，并能抑制凝血、激活纤溶；此外，对代谢、免疫及神经系统等其他方面也有一定的影响。有研究认为，丹参能增加耳蜗血流量，同时可作为钙离子拮抗剂，提高机体环磷酸腺苷（cAMP）水平，增加前列腺素I_2含量，导致血管扩张，抑制血小板凝集，降低血黏度，使血流加快，促进细胞有氧代谢，保证毛细胞能量供应。

（9）葛根：性凉，味甘、辛。入脾、胃二经。具有发表解肌，升阳透疹，解热生津功效。葛根用治高血压脑病，对改善头痛、头晕、项强、耳鸣、肢体麻木等症状效果较好，但降压作用不明显。

现代研究显示，葛根含葛根黄酮类，有解热和降低血糖作用，又有温和的降压作用和改善脑循环及外周循环的作用。有研究者用葛根片治疗冠心病心绞痛及突发性耳聋效果较好。

目前认为，葛根富含葛根黄酮，有扩张脑及内耳血管，调节血运，促进毛细胞代谢作用，大剂量使用，确能改善内耳血循，对内耳毛细胞功能恢复有明显的效益。

（10）川芎：性温，味辛，入肝、胆、心三经。具有活血行气，祛风止痛功效。现代研究显示，川芎中含有四甲吡嗪（川芎嗪），具有扩张血管，增加冠状动脉血流量，改善微循环及抑制血小板聚集作用，且能通过血脑屏障在脑干分布较多，用治冠心病心绞痛有一定疗效。治疗急慢性缺血性脑血管病亦有肯定效果。很多学者将此作用应用于耳的感音神经性耳聋及突发性耳聋，而实验研究表明，川芎嗪能够增加豚鼠耳蜗血流，保证毛细胞能量供应。

（11）灵磁石：性寒，味、咸，入肝、心、肾经。具有潜阳安神，聪耳明目，纳气平喘功效。灵磁石在古代是治疗各种耳聋耳鸣的主药，能养肾益阴而有聪耳明目之效。治耳聋耳鸣常与熟地、山萸肉、五味子等药配伍。

现代研究，灵磁石为四氧化三铁与氧化铁之混合物，尚含锰、镁、铅、钛等，经久煅醋淬后主要含三氧化二铁及醋酸铁等。

有的学者认为耳聋耳鸣可能是铁代谢障碍所致，故使用铁剂治疗，而灵磁石是含铁量很高的一味中药，故用灵磁石来治疗听力障碍。

（12）何首乌：性温，味苦、甘、涩，入肝、脾、肾三经。能补益肝肾，养血祛风，强筋生髓，黑发轻身，延年耐寒，补而不腻。用于肝肾血

虚，头晕耳鸣。药理研究证实，本品有延缓衰老作用，能增加机体抗炎能力，明显降低细胞的脂褐质，对脑中β型单胺氧化酶有明显抑制作用，并能增强机体免疫能力，使小鼠胸腺不致萎缩，增加体内β球蛋白含量，明显扩张周围血管。近有研究示本品能改善感觉神经性耳聋听力，且本品所含卵磷脂及微量元素锶、锌、铜、铁、锰、钛等，对神经组织恢复有一定作用。

（13）红花：性温，味辛、苦，入心、肝经，《本草再新》记载入肝、肾二经。能活血通经，祛瘀止痛。实验研究表明，本品对缺血缺氧性脑损害动物具有显著的保护作用，对血管内皮也有保护作用，对脑组织酶代谢有直接激活作用，对脂质细胞线粒体代谢和钠泵有供氧供能效应，从而改善钠泵和神经系统的极化状态。同时，红花对微循环自动调节机制有促进作用。故临床有人将本品用于治疗耳聋。

4. 中药治聋前景

近年来中药治聋的研究已取得了一定的进展，从过去的单一临床观察研究，发展到多途径、多角度、多系统综合的广泛研究。从单纯的治聋疗效观察，深入到治聋作用机制的研究。

（1）单味药物治聋：我们发现有些单味中药在临床治聋中已得到广泛重视和应用，如丹参、葛根、川芎、灯盏花等。丹参已制成丹参注射液，作为治聋的常用药，实验研究认为丹参能增加耳蜗血流量，同时可作为钙离子拮抗剂，提高机体cAMP水平，增加前列腺素I_2含量，导致血管扩张，抑制血小板凝集，降低血黏度，加快血流，促进细胞有氧代谢，保证毛细胞能量供应。葛根制成葛根片含葛根黄酮，具有解毒和降低血糖作用，又有温和的降压作用和改善脑循环及外周循环作用，大剂量使用能改善内耳血液循环，对内耳毛细胞功能恢复有明显的效益。川芎已制成川芎嗪，应用于治聋临床，现代研究认为川芎中含有四甲吡嗪，具有扩张血管，增加冠状动脉血流量，改善微循环及抑制血小板凝集作用，且能通过血脑屏障，在脑干分布较多。实验研究表明，川芎嗪能够增加豚鼠耳蜗血流，保证毛细胞能量供应。以上这些单味中药的治聋临床和研究，显示在中药中寻找治聋药具有广阔的前景。

（2）复方药物治聋：用两味以上中药配伍或组方，或用古方治聋研究亦在不断地深入，特别是对已有古方治聋在古人长期的临床治疗中取得了明显效果，保持长盛不衰，如古方清神散、小柴胡汤、耳聋左慈丸、肉苁蓉丸、益气聪明汤、柴苓汤等，都是被临床应用治聋的有效方剂。

清神散是耳聋治肺的代表方，方中以羌活、防风、僵蚕疏风宣肺散邪为主，取菊花清利头目，川芎、木香行气活血，木通利湿，石菖蒲通窍，甘草调和诸药，适用于风邪侵袭，肺失清宣，邪滞脉络，经气痞塞，耳胀耳闭，听觉失聪。

小柴胡汤加葛根在临床中亦常用于少阳经气不宣，邪滞耳窍，耳胀闷塞闭阻，听觉失聪之证。柴胡清轻升散，疏邪达表；黄芩除热清里，使邪得以内彻；半夏、人参、甘草补正和中，以祛邪；生姜、大枣配甘草调和营卫；加葛根助柴胡升散。现代研究证实此方有显著的抗炎、抗病毒作用。

耳聋左慈丸中的灵磁石、五味子、石菖蒲皆为治聋要药。灵磁石的主要化学成分是铁的氧化物，并含有锰、铜、锌等微量元素。现代研究认为，耳聋与微量元素铁关系密切，提出微量元素铁是中医"肾"与耳联系的物质基础之一，所以耳聋左慈丸从古至今一直是治聋主要药物。

肉苁蓉丸是以补肾壮阳原则治疗耳聋的代表方，在肾气丸基础上选用了肉苁蓉、巴戟天、菟丝子、鹿茸、杜仲、羊肾等大量壮阳之品。其中巴戟天现代药理研究表明含有维生素、糖类、蒽醌类、黄酮类等，根皮中含有铁、锰、锌等16种微量元素。动物实验推断其可能具有肾上腺皮质激素样作用。

益气聪明汤是由补中益气汤加味，用于治疗气虚耳聋的名方，研究表明补中益气汤有调节抗体、强心、对抗脑缺血缺氧作用。应用于耳聋及听力障碍，益气聪明汤特别是黄芪可能具有促使Na^+，K^+-ATP酶活性增高，保护内耳毛细胞作用。

柴苓汤是小柴胡汤合五苓散组成，在日本的汉方研究中用柴苓汤治疗耳鸣耳聋报道较多，如秋定健、田代真一等曾报道柴苓汤能促进机体分泌类固醇，增强抗炎作用；同时对水饮内停证有治疗作用，认为调节水液代谢作用明显，有改善内耳脂质代谢和抑制活性氧产生的作用。秋定健等还以仓鼠为实验对象，通过实验探讨了柴苓汤对抗癌药顺铂（CDDP）所致肾毒性及内耳毒性的作用，结果表明柴苓汤直接作用于柯替氏器外的有毛细胞，减少有毛细胞听毛的消失，并通过降低血清中磷浓度，而间接地减少向内耳移动的磷浓度，由此认为柴苓汤有减轻内耳毒性的作用。

5. 中药复方治聋研究

现代很多耳科专家亦报道很多治聋经验组方，有较好的疗效，并对其进行了实验研究。如林文森教授的补肾活血通窍汤及补肾聪耳片，李凡成、徐

浙江中医临床名家·朱祥成

绍勤教授的复聪片等，都通过临床治疗观察及动物实验证实了治聋效果。以上这些充分表明中医中药古方及经验配伍组方在治聋中值得我们重视，并发掘和寻找有效的方药，而且前景广阔。

（1）耳聋研究随着社会科学的发展越来越深入，其耳聋的机制亦在不断地被揭示和发现，寻找有效的治聋方法和药物亦是必然的结果。中医药是一个伟大的宝库，古人虽积累了大量的经验和方药，但未被认识和发现有效的治聋方法和方药依然存在，需要广大的专业医务工作者不断地努力和发掘，并在临床大量的实践和总结中为治聋做出自己的贡献。

（2）在社会发展崇尚自然的今天，现代药物功能单一，毒副反应大，人们希望回归自然，治疗疾病应用天然药物，而中医中药成为关注的焦点，中药治病以其整体取性，中介调理，无副作用，且能调动激发或发挥机体的自主调理机制，进行自我双向调节，发挥其明显的治疗效果，治聋亦一样，中药将会占绝对优势。

（三）医案举隅

张某，男，28岁。2018年9月12日初诊。患者6天前无明显诱因出现左耳突发听力下降，伴有左耳闷胀闭塞感，无耳鸣，起病当日时有头晕、恶心呕吐等不适，纳寐差，大便黏滞，小便无殊。曾于当地医院住院治疗，自诉予激素、营养神经、改善循环等药物及高压氧等治疗，效果不佳。因听力明显下降，影响患者与人正常交流，故其较焦虑，遂转而求助中医治疗。发病时电测听不详，2018年9月12日复查电测听示：左耳气导70-75-75-90-75-75-80dB（125-8000Hz），骨导：45-60-70-70-60dB（250-4000Hz）；右耳未见明显异常。局部检查见：双侧外耳道畅，左侧鼓膜充血，标志尚清。舌胖，苔白腻，脉弦细。辨证为脾虚失运，痰湿困结。治宜健脾化痰。处方：生黄芪15g，白芷9g，蝉衣6g，茯苓15g，丹参15g，葛根15g，赤芍10g，茜草10g，红景天20g，合欢皮10g，川芎10g，炒山药10g，炒山楂10g，天麻9g，炒丹皮10g，蔓荆子10g，石菖蒲10g，丝瓜络5g，7剂。

二诊：服药后第3天觉左耳听力稍有恢复，查电测听示（2018年9月16日）：左耳气导60-55-55-70-65-70-80dB（125-8000Hz），骨导45-55-70-65-60dB（250-4000Hz）；服药第5天觉听力明显恢复，查电测听示（2018年9月18日）：左耳气导35-30-30-55-55-55-85dB（125-8000Hz），骨导20-20-45-50-50dB（250-4000Hz）。自复诊当日患者无明显焦虑倾向，无耳闷耳胀，

偶觉头困重，胃纳较前好转，夜寐转安，大小便无殊。检查见鼓膜完整、色泽如常，舌淡红，苔白，脉细。上方去白芷，丹参减为10g，加枸杞子10g，桑椹子10g，7剂。

三诊：患者觉与人正常言语交流无碍，遵上方继服半个月。

四诊：患者诉偶听高调音时觉耳部不适，余无殊。复查电测听示（2018年10月16日）：左耳气导15-10-15-30-30-45-75dB（125-8000Hz），骨导0-5-20-25-40dB（250-4000Hz）。嘱患者继续服用中药，调畅情志，饮食有节，起居有常；避免噪音刺激。

三、利湿升清通耳窍

耳胀耳闭是以耳内闷胀堵塞感为主要特征的中耳疾病，古代医籍中并无"耳胀""耳闭"的病名记载，耳胀作为病名，见于近代《大众万病顾问》"何谓耳胀？耳中作胀之病，是谓耳胀"。《中医耳鼻喉科》第四版教材再次提出"耳胀""耳闭"病名。本病初起，风邪外袭，肺经受病，耳内经气痞塞不宣，以耳内闷胀感、听力减退为主，是谓耳胀；耳胀失治或反复发作，迁延不愈，致邪毒留滞，脏腑虚损，耳窍闭塞失用，是谓耳闭。本病相当于西医的急、慢性分泌性中耳炎。西医学认为本病的发生与咽鼓管功能不良、感染、抗生素失用、免疫反应等因素有关。中医认为本病病因病机多为风邪外袭、痞塞耳窍，肝胆湿热、上蒸耳窍，脾虚失运、湿浊困耳，邪毒滞留、气血瘀阻以致耳窍经脉痞塞不通，继而形成耳胀耳闭。因小儿特殊的解剖结构，本病的发病率常高于成人。常以单侧或双侧耳内闷胀堵塞感为突出症状，用手按压耳门可获得暂时缓解，可伴有不同程度的听力下降、自听增强或者耳鸣，部分患者听力可正常。鼓膜检查多见鼓膜完整，早期鼓膜充血，失去正常光泽，紧张部或整个鼓膜内陷，光锥消失或变形，锤骨柄向后上方移位，锤骨短突凸出。鼓室积液时，鼓膜失去正常光泽，呈琥珀色或黄色，常可看到液平面或气泡，液平面中部稍凹，形如发丝，且随头位而变动。气泡常呈圆形或椭圆形，于咽鼓管吹张后更为明显。如鼓室渗液较多，鼓膜可外突，鼓膜活动受限。慢性期鼓膜呈内陷位，增厚，失去光泽，颜色暗淡，表面可见乳白色斑块，活动性差；如鼓膜与鼓室壁发生粘连，则表面呈现凹凸不平之状。听力检查多呈传导性聋，声导抗图呈"C"形或"B"形，部分也可为"A"形。

现将临床上对于本病的辨证治疗分述如下：①风邪袭耳型，症见耳内作胀、不适，或耳内胀痛，耳鸣如闻风声，耳内有回声感，听力下降。可伴有发热恶寒、头痛、鼻塞、流涕、咽痛、咳嗽等。检查可见：外耳道通畅，耳膜微红，或轻度内陷，鼻窍肌膜红肿，舌淡红，苔薄白或薄黄，脉浮。以疏风散邪，宣肺通窍为治法，可用荆防败毒散、银翘散加减治疗。②肝胆郁热型，症见耳内胀闷堵塞感、微痛，低调耳鸣，自听增强。全身伴有烦躁易怒，口苦咽干，胸胁苦满，大便秘结，小便黄，舌红，苔黄腻，脉弦数。检查可见：鼓膜内陷、充血，可见液平面，随头位改变而移动。穿刺可抽出淡黄色较黏稠的积液。以清泄肝胆，利湿通窍为治法，可用龙胆泻肝汤加减治疗。③脾虚湿困型，症见耳内闷胀堵塞感，听力减退，耳中鸣响。全身症状伴见胸闷纳呆，肢倦乏力，纳差便溏等。舌质红，舌体胖，边有齿印，脉沉缓。检查可见：鼓膜正常或鼓膜内陷、浑浊，可见液平或气泡，鼓膜穿刺可抽出积液。以健脾利湿，化浊通窍为治法，方以参苓白术散加减。④气血瘀阻型，症见耳内胀闷阻塞感，日久不愈，甚则如物阻隔，听力可逐渐减退，耳鸣如蝉或嘈杂声。舌质暗淡，或边有瘀点，脉细涩。检查可见鼓膜内陷明显，甚则粘连或鼓膜增厚，有灰白色钙化斑，耳膜活动度较差。以行气活血、通窍开闭为治法，方以通窍活血汤加减。

朱教授认为：耳为清窍，与鼻相邻，两者均以通为用，以闭为害。肺开窍于鼻，主宣发上输精微，司肃降通调水道。本病初犯每以肺气虚弱卫外不固，外邪犯肺为因，致使宣降失司而出现鼻窍不通，耳窍闭阻，水湿停滞进而潴积为液，清窍失去清轻空灵之本性而呈现诸症。故本病早期以利水渗湿通窍为目的，兼顾宣肺散邪。临床上常方用加味四苓散合通气散（泽泻、米仁各30g，茯苓、猪苓、白术、黄芩、冬瓜仁、香附、川芎、藿香、柴胡各10g），酌情加银花、连翘、桑叶、浙贝、白芷、鱼腥草、葛根宣肺散邪；黄芪、防风固表御邪。本病后期则往往有正气虚弱之内因，邪客于内，久留不去，蕴而化热，上蒸清窍，而出现鼻塞加重，流涕转黄，耳内积液变为黏稠难排。肺朝百脉，病久则精微不布，脉络失养，气血瘀滞，久病侮于脾土，致使清阳浊阴，升降失常，清窍失去濡养，难以为用，可见病程迁延反复，流涕绵绵不止，鼓膜色泽暗淡无光，动度欠佳。后期治则以益气升清通窍为原则，方用四君子汤或益气聪明汤合通气散化裁（黄芪、党参、白术各15g，茯苓、白芍、升麻、葛根、白扁豆、蔓荆子、柴胡、川芎、香附、石菖蒲、炙甘草各10g）。鼻塞流涕者加辛夷、苍耳子、黄芩、白芷、地龙；

积液黏稠，鼓膜动度欠佳者加用红花、泽兰、丹参、当归、路路通等活血化瘀之品，其有激活纤溶系统和抑制成纤维细胞生长增生之作用，有利于促进积液稀化。

朱教授门诊接诊的耳胀耳闭患者多为小儿，且常伴有鼻炎、鼻窦炎，鼻咽部引流差，咽鼓管功能欠佳。朱教授认为，减轻鼻咽部堵塞后有利于耳窍积液排出，故常嘱患儿家属督促其行捏鼻鼓气法，如《保生秘要》曰："定息以坐，塞兑，咬紧牙关，以脾肠二指捏紧鼻孔，挣二目使气串耳通窍内，觉哄哄有声，行之二三日，窍通为度。"另由于本病疗程通常较长，目前常用的抗生素、抗组胺药、激素都有一定程度的副作用，而中药治疗着重于整体观，辨证组方不仅能达到促进通气排液，抑制中耳积液再生成作用，同时还具控制鼻腔鼻咽病灶，调整机体免疫功能的作用。

医案举隅一

曹某，男，62岁，退休。2003年7月10日初诊，于6月初两耳阻塞感，听力下降，并觉耳内有回声，鼻常阻塞。即去上海某医院检查，听力呈传导性耳聋，声阻亢呈"C"形曲线。即进行耳膜穿刺，抽出淡黄色液体，听力即感好转，配滴鼻剂滴鼻，1周后又感两耳阻塞且比之前加重，再行耳膜穿刺抽液，反复数次，行鼓室置管引流。于7月10日来我院就诊，要求服用中药。主诉两耳阻塞，耳鸣，头胀不舒，检查见两耳鼓膜已置管，外耳道有淡黄色分泌物溢出，鼻腔二下甲黏膜肿胀，双中鼻道清洁，苔薄腻，脉弦细。证属耳闭，辨证为脾虚湿阻，清阳不升，邪滞耳窍。治拟健脾化浊，升清开窍。处方：生黄芪15g，茯苓10g，生米仁30g，广藿香10g，升麻10g，桑白皮10g，鱼腥草30g，白芷5g，蝉衣10g，茜草10g，川芎10g，赤芍10g，柴胡10g，忍冬藤15g，桔梗10g，生甘草10g，石菖蒲5g，丝瓜络5g，服7剂。并作咽鼓管吹张术，吹张通畅，清洁外耳道分泌物，患者即感耳内舒适，听力提高。

二诊：两耳阻塞明显减轻，置管处液体溢出亦减少，苔薄白，脉细。再宗原方继服。

三诊：连续服用28剂后两耳阻塞感已消，两耳置管处干燥，未见分泌物流出，嘱患者去原医院拔去插管，患者怕病程反复先去右耳插管，要求再服中药，共服以原方加减计105剂，病情稳定，未再复发，检查右耳鼓膜完整，轻度内陷，自行吹张通畅，听力正常。

按：中医耳闭之症，多病变较久，以耳内阻塞感为主，并有听力下降。

相当于现代医学之分泌性中耳炎。由于邪毒滞留，耳窍经气闭塞或脾虚湿浊不化，清阳不能上升，邪滞耳窍所致。本例患者反复发作，病已日久，除两耳阻塞主要症状外，鼓室内积液较多，多次穿刺不愈，头胀不舒，苔腻脉细，证属脾虚，湿浊不化，清阳不升，浊阴不降，留滞耳窍，故用生黄芪、生米仁、茯苓、甘草等健脾渗湿；用升麻、藿香升清；用鱼腥草、桑白皮、蝉衣、桔梗祛滞留之邪；用忍冬藤、丝瓜络、赤芍、茜草活血疏通脉络，以免病久经气闭塞而瘀阻；用白芷、石菖蒲通窍；配用通气散之柴胡、川芎以加强本方之药效。全方配伍具有健脾化湿，升清通窍，活血通络，清除余邪功效。对耳闭耳窍阻塞，听力下降，鼓室积液反复穿刺不愈者，有一定效果。

医案举隅二

张某，男，13岁，学生。2005年12月初诊，左耳分泌性中耳炎反复不愈5月余，曾行鼓室穿刺数次，每次均抽出不等量黄色液体，曾在多家医院治疗，仍有复发。就诊时患者耳部胀闷阻塞，耳鸣声细，听力下降，倦怠乏力，食少，畏寒，舌淡苔白，脉弱。耳部检查：左耳鼓膜浑浊，光锥消失，鼓室穿刺抽出少量黄色液体。处方：生黄芪20g，生白术10g，党参10g，全当归10g，白花蛇舌草20g，忍冬藤15g，香附10g，柴胡9g，石菖蒲5g。

二诊：服药3周后耳部胀闷感好转，听力改善，食欲较前好转，局检鼓膜光锥出现，仍稍有内陷，减白花蛇舌草为10g，继服药30剂，患耳痊愈。

按：脾居中焦，有升清降浊之能，耳属清阳之窍，喜清恶浊，性好清灵，故脾胃强健，升降有序，清升浊降，生生不息，耳得清阳之温煦、清气之充灌，则清灵聪敏，听觉敏捷。《医学摘萃·七窍病类·耳病》曰："耳病者，浊阴之不降也……然浊阴之不降，实戊土之中气不运也，宜调其中气，使浊降清升而耳病自愈矣。"本案患者病程已迁延数月，多有虚实夹杂。耳部胀闷阻塞、耳鸣声细、听力下降责之肺脾两虚、脾不升清、肺气郁滞，窍闭湿滞；脾气虚弱故见倦怠乏力、食少、畏寒；舌淡苔白、脉弱均为肺脾气虚之象。证属肺脾两虚，窍闭湿滞。治宜补益脾肺，祛湿开窍。取方补中益气汤健脾益气，改当归为全当归配伍香附以加强行气活血之效，柴胡入少阳经，配石菖蒲升清行气通窍，白花蛇舌草、忍冬藤祛湿解毒通络，因甘能助湿，故去甘草。二诊症状已有好转，防白花蛇舌草苦寒伤胃，减量使用，余药不变，巩固疗效。

四、托里排脓畅听宫

脓耳是以鼓膜穿孔，耳内流脓，听力下降为主要特征的耳病。"脓耳"作为病名，最早见于《仁斋直指方》"热气乘虚，随脉入耳，聚热不散，脓汁出焉，谓之脓耳"。古代医籍关于本病的论述中还有"聤耳""耳疳""耳底子""耳湿"等名称。本病相当于西医的急、慢性化脓性中耳炎。

本病初起多因风热湿邪侵袭耳窍发病，多为实证、热证。后期耳内流脓日久，邪毒留滞，多属虚证或虚实夹杂证。急发者以耳痛、耳内流脓、听力下降等局部症状为主，或可伴有发热恶寒、头痛、鼻塞流涕等全身症状。小儿全身症状较重，常伴有呕吐、腹泻，甚至高热、惊厥。鼓膜穿孔后全身症状可明显减轻。耳镜检查早期可见鼓膜松弛部充血，锤骨柄及紧张部周边可见放射状扩张的血管。继之可见鼓膜弥漫性充血、肿胀、向外膨出。穿孔小者，可见有闪烁搏动的亮点（灯塔征），或见脓液从此涌出，耳周乳突部可有轻微压痛。听力检查呈传导性耳聋，鼓膜穿孔前听力损失可达40～50dB，鼓膜穿孔后听力可有改善。病程迁延日久者可见耳内流脓反复发作、听力下降。耳镜检查常见鼓膜紧张部或松弛部大小不等的穿孔。听力检查呈传导性耳聋或混合性耳聋。

临床上本病的病因病机、临床表现多论述如下：①风热外袭，壅滞耳窍，症见起病较急，耳内疼痛、胀闷闭塞感，耳鸣，听力下降，耳痛逐渐加剧，呈跳痛或锥痛，痛连及患侧头部，常于剧痛之后，流出脓液，耳痛随之减轻。全身见周身不适，发热恶寒，头痛，舌质红，苔薄黄，脉浮数等症状。小儿患者的全身症状一般较成人重，多见高热，啼闹不安，甚则神昏抽搐，项强等症状。检查见鼓膜潮红，表面标志不清。鼓膜穿孔后流出脓液，若穿孔较小，可呈闪光搏动现象。听力检查为传导性耳聋。②肝胆湿热，困结耳窍，症见：耳内剧痛如针刺，痛引患侧头部，耳内流脓量较多，全身见发热、面部潮红，口苦咽干，小便黄赤，大便秘结，舌质红，苔黄厚，脉弦数。检查见鼓膜红肿外突，或穿孔，耳道积脓黄稠，量较多或带红色，听力检查为传导性耳聋。③脾虚失健，湿困耳窍，症见耳内流脓，经年累月，缠绵日久，流脓量多而清晰，无明显臭味。全身可有头晕头重，倦怠乏力，纳少腹胀，大便时溏，面色萎黄无华，唇舌淡白，苔白润，脉缓细弱。检查可

见鼓膜中央性大穿孔，耳道积脓较多，脓质清稀，或通过穿孔可见鼓室内有肉芽或息肉。听力多呈传导性耳聋。④肾元亏虚，邪滞耳窍，症见耳内流脓，日久不愈，或时流时止，反复发作，流脓量不甚多，或污秽，或成块状，或如豆腐渣样，并有恶臭味，听力减退多较明显。全身可见头晕神疲，腰膝酸软，脉细弱等症状。检查可见鼓膜边缘部或松弛部穿孔，脓稠黏成块状。乳突CT多提示骨质破坏或胆脂瘤形成，听力呈中重度传导性聋或混合性耳聋。

耳为清阳之窍，喜清虚而恶实浊，以通畅为用，若实浊壅滞，则听闻蒙混。如《诸病源候论》曰："耳者宗脉之所聚，肾气之所通，足少阴肾之经也，劳伤气血，热乘虚而入于其经，邪随血气至耳，热气聚，则生脓汁，故谓之聤耳。"朱教授认为脓耳早期多热证、实证，治宜清利解毒，迁延日久后多虚证或虚实夹杂证，则治宜补虚托毒。临床上朱教授常用内托解毒的治法治疗脓耳，疗效颇丰。此法是以具有补气养血，祛瘀托毒，透脓溃坚，祛邪外出作用的药物为主组方，用于治疗正气虚弱，邪毒滞留而致的痈疮疖肿，对痈肿脓已成者，但气血虚弱，无力排脓外泄，可使之消散，是中医扶正祛邪的方法之一。如《证治准绳·疡医》内托消毒散，《医宗金鉴·外科心法要诀》托里透脓汤、托里排脓汤、内托黄芪散，《外科正宗》托里消毒散，《医学入门》托里益气汤、托里散，《验方新编》托里解毒汤等方剂都属于这类处方，皆为治疗痈肿，气血虚不能起发，痈肿已成，不得内消，或腐溃难敛，肌肉不生等。在中医外科疾病中也较为常用。

朱教授根据古方方药组成、配伍、加减等，结合几十年的临床治疗经验，常以自拟方黄芪内托解毒汤治疗脓耳。具体组方：生黄芪15g，炒党参10g，白芷9g，桔梗10g，生甘草10g，茜草10g，桑白皮10g，忍冬藤30g，连翘15g，鱼腥草30g，黄芩10g，广藿香10g，丝瓜络5g，石菖蒲5g，茯苓10g，生米仁30g。临证加减：兼见恶寒发热、身痛鼻塞等风热表证者可酌加蔓荆子、薄荷、桑叶等以助疏风清热解表；若耳内肿痛，或跳痛连头，脓成不溃者可加赤芍、丹皮、皂角刺等以助清热活血，消肿溃脓；若脓溃而量较多者可酌加黄柏、败酱草以助清热燥湿排脓；若倦怠乏力，纳差便溏者可加山药、砂仁以助益气健脾，化湿止泻；若腰膝冷痛、形寒清瘦者可加杜仲、淫羊藿以助壮阳益肾，散寒除湿。

医案举隅一

余某，女，55岁，工人。1999年8月12日初诊，右耳反复流脓数年，近

1个月右耳发胀疼痛，听力下降，流脓量不多，即去某医院诊治，经CT扫描确诊为右侧慢性乳突炎，胆脂瘤形成。遂入院手术治疗，在入院后术前体检中发现患者血小板减少，并患有心脏病，无法手术，出院后来我院要求通过非手术方式治疗此病。患者形瘦面黄，疲乏无力，时时心悸，纳食不香。局部检查：右耳鼓膜松弛部有血痂，取出血痂后有少量脓血溢出，苔薄质淡，脉细不齐。病属脓耳（虚证），辨证为脾气不足，正虚邪恋，治宜健脾扶正托毒。处方：生黄芪15g，茯苓12g，白芷5g，桔梗10g，生甘草10g，蒲公英15g，紫地丁15g，赤白芍各10g，茜草10g，忍冬藤15g，连翘15g，皂角刺10g，夏枯草10g，白蒺藜10g，服7剂。

二诊：耳内疼痛减轻，用棉签擦耳时有血脓样分泌物，神疲乏力，苔薄，脉细不齐，再拟前方加路路通10g，黄芩10g，服7剂。

三诊、四诊：治宗原法。

五诊：耳疼痛已除，耳检右耳松弛部穿孔干燥。精神转佳，苔脉如前，宗原方出入续服，加天葵子10g，猫爪草10g，丹参30g。

六诊：右耳松弛部穿孔处清洁干燥，纳寐如常，但常有心悸，苔薄白，脉结代。嘱断续服药，防止污水入耳，禁食辛辣刺激之品。

七诊：（2003年11月20日）患者一般情况良好，心脏已作搭桥手术，耳检右耳松弛部穿孔处未见分泌物，清洁而干燥，症见心悸不安，咽干，便坚，苔薄质红，脉细时结代。给以益气养阴之剂。处方：生黄芪15g，茯苓10g，杞子15g，甘菊10g，白蒺藜10g，炒丹皮10g，赤白芍各10g，茜草10g，川牛膝10g，夏枯草10g，制女贞子15g，蒲公英15g，麦冬15g，生米仁15g，川柏6g，服14剂，隔日1剂。

按：本患者脓耳经CT扫描确诊为慢性化脓性中耳炎胆脂瘤型，因全身原因未能进行手术治疗，而服用中药保守治疗。根据患者就诊时的症状，形体消瘦，神疲乏力，时时心悸，纳食不香，血小板减少，苔薄质淡，脉细不齐。整体辨证为心脾不足，正气虚弱，邪恋毒聚耳窍，无力祛邪排毒。治疗用补益心脾，扶正托毒之法。用黄芪、茯苓、甘草、丹参、白芍等补益心脾而养血，扶助正气；用白芷、桔梗、皂角刺托毒外出；用赤芍、茜草、路路通、忍冬藤活血通络助邪外出；用连翘、蒲公英、紫地丁、夏枯草、猫爪草散邪解毒。经辨症加减用药，患者病情稳定，局部未见反复流脓，而且穿孔部位一直保持干燥。

医案举隅二

钱某，女，47岁。1997年3月初诊，自述右耳流脓水，时而黄稠，时而稀薄，伴听力减退，纳差乏力，头晕耳鸣，畏寒腰困7个月。某医院曾诊为慢性中耳炎，多治不效。症见面色萎黄不华，右外耳道有稀薄黏液，舌淡胖边有齿印，苔白厚，脉沉缓无力。辨证属脾肾双虚，清阳不升，湿浊留恋，蒙闭清窍。法取脾肾双补，益气升阳，托毒化湿开窍。处方：黄芪30g，当归10g，人参10g，茯苓9g，白术9g，川芎10g，桔梗10g，金银花15g，皂角刺15g，白芷9g，山萸肉15g，苡米30g，制附片10g，补骨脂10g。共服20剂，诸症悉除，听力亦渐恢复。

按：此案患者耳流脓、听力下降，病程较长，且在局部有病理产物蓄积，久病必虚，瘀则不通，虚实兼挟，湿性缠绵，故常法难以奏功。托里消毒散集升散、托补、透达、清解于一炉。重用黄芪配以当归为当归补血汤补中兼通，参、苓、术、草四君子汤补益肺脾与当归补血汤气血双补，为托毒外出提供了原动力。皂角刺、桔梗托毒排脓；金银花、白芷芳香上达；川芎味薄气雄，能散能升又可引经。此案遵肾主骨，开窍于耳，加入张锡纯称峻补良剂之山萸肉，补肾助阳，解毒除湿之制附片、补骨脂，病亦告愈，均突出体现了中医整体与局部辨证的特色。

第三节　鼻科疾病证治

一、温表通降除阻塞

朱祥成教授从医五十余年，博览医书古籍，拾取古今众长，并通过自身扎实的中医理论基础，对本学科的勤奋专研，对鼻阻塞这一局部症状的治疗有其独到的经验，善于用扶正驱邪法治疗鼻阻塞，并将该理念运用于教学科研和临床治疗中，使其在耳鼻咽喉科方面充分发挥其作用，收到显著的疗效，深受广大患者的好评。现将朱祥成教授扶正驱邪法治疗鼻阻塞的经验总结如下。

（一）审证求因，探究机理，治其根本

鼻阻塞是临床多种鼻部疾病而引起的一种常见的局部症状，认为鼻属清阳之窍，喜清而恶浊，喜温而恶寒，其窍宜通不宜塞，宜出气不宜出血，以通为用。同时必须脏腑精气充足，气血调和，鼻窍康健而发挥功能；反之则为害矣。朱教授认为鼻阻塞与清气升降，阳气盛衰，血脉通利，脏腑虚弱有密切关联。

（1）清气升降：鼻居面中，是清气出入之道，且有生发清气之能，故鼻亦属清窍之一。《医学入门》说："鼻乃清气出入之道，清气者，鼻中生发之气也。"《三因极一病证方论》说："鼻为肺之囦阖，吸引五臭，卫养五脏，升降阴阳，故鼻为清气道。"因鼻属清窍，气清则鼻清，鼻道通利，气息调畅，嗅觉灵敏，功能正常。清窍喜清而恶浊，浊则鼻窍壅塞，气息不畅，鼻病由生。清气不升，鼻窍失养，变为浊阴不降，壅阻鼻窍，窍道不利，功能失司，鼻部病变而出现症状。则必须从此入手治疗。

（2）阳气盛衰：鼻属阳中之窍，且督脉终至于鼻，其脉总督一身之阳，故鼻受阳气最厚，其窍内阳气充盛，卫气敷布丰盈，而有生发清气之能，鼻窍阳盛清盈，气血运行至此，则鼻阳为之温煦，清气为之清化，使气血变为至清，以荣养鼻面，鼻面得清气清血之温养，则鼻光润荣泽，御寒耐热，鼻窍通利，发挥正常生理功能。《杂病源流犀烛》所说："面为阳中之阳，鼻居面之中，一身之血运到此，皆为至清"。阳气出上窍，阳不胜阴，则五脏气争，九窍不通，且阳气根源于肾，滋生于脾胃，宣发于心肺，出之于上窍。若各种因素如外邪入侵、脏腑不足等，影响鼻内阳气敷布，皆能发生鼻病，鼻窍壅塞。

（3）血脉通利：鼻为一身血脉多聚之处，皆为至清至精之血，血脉丰实，血液充盛，循经运行窍内，润泽肌膜，净化清新，御敌祛邪。鼻为多气多血之窍，气可随呼吸出入，而血则不能离脉而行，故鼻只宜出气而不宜出血矣。出气则吐故纳新，出血则伤阴亡津，《血证论》说："鼻为肺窍，……以司呼吸，乃清虚之道，与天地相通之门户，宜通不宜塞，宜息不宜喘，宜出气不宜出血者也"。由于多种因素或外感邪毒，久留不去，脉络阻滞，血脉不利，气血瘀阻。或多思少动，劳伤气血。或久病不愈，气血运行不畅，气滞血瘀，鼻窍脉络受阻，鼻窍窒塞。因此血脉通利与否，对鼻窍功能发挥有直接影响。

（4）脏腑虚实：鼻窍的阻塞与否与脏腑的功能虚实有着密切的关联，特别是肺、脾胃、肝胆、肾的生理功能失调，气血失和，虚实改变。都易引起外邪侵袭鼻窍或邪滞鼻窍或久留鼻窍，致使鼻窍阻塞。

鼻与肺：肺主鼻，在窍为鼻，肺为鼻之主，鼻的功能发挥直接受肺的支配，肺主宣发肃降，肺气清利，则肺之精气上注鼻窍，鼻窍得养而窍道自

利，嗅觉灵敏，御邪强盛。《灵枢·脉度》说："肺气通于鼻，肺和则鼻能知香臭矣"，《简明医彀》说："肺开窍于鼻，肺气清顺，鼻气通利而知香臭"。鼻为气道，为肺之门户，有助于肺之呼吸调畅。《仁斋直指方》说："鼻者，清气出入之道路也，阴阳升降，气血和平，则一呼一吸，荣卫行焉。"《三因方》说："肺为五脏华盖，百脉取气于肺，鼻为肺之闾阖，吸引五臭，卫养五脏。"表明了肺气充沛，鼻窍健旺，功能正常。一旦肺脏失调，鼻病由生。如肺气虚弱，则腠理疏松，卫表不固，鼻窍易感外邪为病；或肺虚，鼻失滋养，宣肃失利，邪毒滞留，鼻失通利而阻塞。正如《灵枢·本神》说："肺气虚则鼻塞不利少气。"又如肺脏实邪亦致鼻病，《诸病源候论》说："肺脏为风冷所乘，则鼻气不和，津液壅塞而为鼻痛。"《严氏济生方》亦说："夫鼻者，肺之候……其为病也，……为清涕，为窒塞不通，为浊脓，或不闻香臭。此皆肺脏不调，邪气蕴结于鼻，清道壅塞而然也"。因此，鼻病多从肺论治，《医林绳墨》说："肺主气，开窍于鼻，鼻之为病，肺病也，治当以清气为主"。

鼻与脾胃：脾为气血生化之源，主升发清阳，司统血之职。阳明胃脉起于鼻侧，行至鼻根。故脾胃气旺，气血充沛，清阳升发，鼻窍得养而窍道自利，嗅觉灵敏。若脾胃虚弱，气血不足，清阳不升，鼻失温养，则鼻肌膜不泽，或邪滞鼻窍，鼻窍不利。正如《东垣试效方》所说："若因饥饱劳役，损伤脾胃，生发之气既弱，其营运之气不能上升，邪害孔窍，故不利而不闻香臭也。宜养胃气，使营运阳气，宗气上升，鼻则通矣。"故部分鼻病宜从脾胃论治。

鼻与肝胆：肝主疏泄，调畅气机，调和气血，疏通气道。鼻行呼吸，以通为用，肝脉上入颃颡，出于頞，故肝气条达，气机调畅，则鼻窍通畅，鼻息通利，气息出入均匀。若情志失调，肝失疏泄，气机不畅，气道不利，水湿泛鼻，鼻窍不利而阻塞。所以肝亦能助鼻通畅。

胆气通脑，贯于鼻。胆为中精之府，其气上通于脑，下连于鼻，若胆气健旺，升发而上，中精之气充脑贯于鼻，则鼻道清虚，呼吸畅通，鼻息调和。若邪犯胆府，胆经郁热，移脑犯鼻，则鼻塞流涕。《素问·气厥论》说："胆移热于脑，则辛頞鼻渊。鼻渊者，浊涕下不止也。"故临床中某些鼻病鼻阻塞与肝胆密切相关。

鼻与肾：肾主藏精与摄纳，通过经脉的联系，能滋养鼻窍，助鼻息通利。同时鼻为肺窍，肺肾同源，金水相生，子随母之象，鼻与肾的间接的络属关系，共同维护和发挥鼻窍生理功能，呼吸平和，鼻息通畅。若肾虚阴阳不足，阴虚则肌膜失养，鼻干燥枯萎，阳虚则鼻失温养，水津不化，鼻塞而涕多。故鼻病久不愈者，从肾论治。《医学入门》对鼻病治疗提出"凡鼻涕、鼻渊、衄久甚不愈者，非心血亏则肾水少，养血则血升而火自降，补肾则水升而火自清"的方法。

（二）辨病辨证，互相参照，注重整体

朱祥成教授临床中对鼻阻塞病人，必先认真的询问病史，了解症状，细仔检查，看苔诊脉。强调辨病正确，作出正确诊断。然后通过出现的症状，结合局部检查，舌苔脉搏。进行辨证，通过辨证，对其治疗可充分发挥其特色。他认为临床上鼻部疾病鼻阻塞这一局部病症，无不是脏腑虚实的表现。同一症状在注重整体，调整脏腑功能，可有多种不同的治疗方法灵活应用。朱祥成教授在治疗过程中，特别注意鼻的清气升降，阳气盛衰，血脉通利，着重脏腑整体辨证，整体调治。

（三）抓住本质，处方用药，灵活加减。

朱教授认为鼻与肺脾两脏关系最为密切，肺脾两虚是导致本病的关键，治疗时不仅要祛除滞留鼻窍之邪气，还应注意调整脏腑经络，使正存邪去，从而获得较好的疗效。具体如用整体辨证的祛邪挫表、补虚固卫、升清降浊、活血祛瘀、清气降火等治法，来调整脏腑、阴阳、气血，达到祛邪通窍，鼻窍通利的目的，使这一局部症状消失。现将朱教授常用的治疗五法分述如下：

1. 祛邪挫表

脏腑功能不足，鼻的正常功能不能发挥，特别是肺气虚弱，抗邪力怯，伤及肺卫，或肺气不足，表卫不固。某些患者易患伤风感冒，反复发作。这是宿疾日久，正气虚弱，抗邪力怯，伤及肺卫，肺气不足，表卫不固，以至外邪易乘虚而入，内犯于肺，肺失清肃，邪毒壅塞鼻窍。常表现在原有宿疾基础上，又复感外邪。可见鼻塞加重、流涕、喷嚏等，并伴有表证。治宜先祛其邪，而后固本。按受邪之不同，分型而治。

若风寒之邪外侵，客于肺系，肺气郁闭不利，肺失清肃，鼻窍阻塞，伴恶寒重、发热轻、头痛，检查见鼻甲肿胀、色淡红或灰白、鼻道有清涕。苔薄白、脉浮紧等，治拟疏散风寒通窍。方用辛夷散、荆防败毒散、通窍汤等

浙江中医临床名家·朱祥成

加减。药用辛夷、藁本、川芎、防风、白芷、荆芥、薄荷、白前、甘草。方中辛夷平温，走气而入肺，能散风寒、通鼻窍；藁本、防风、白芷、荆芥等加强祛寒通窍之力；薄荷、白前、川芎升清降浊，行气活血，其使寒除表去鼻通。如《医学入门》论鼻塞中说："新者偶感风寒，鼻塞声重流涕喷嚏，宜以风寒治之，九味羌活汤。"《景岳全书》曰："凡风寒而鼻塞者，……宜用辛散解表自愈，如川芎散、神愈散及麻黄、紫苏、葱白之类皆可择用。"

若风热外邪犯肺，肺经受热，肺气不宣，邪滞鼻窍，鼻失清宣，鼻窍阻塞，伴头痛、发热、恶风、咽痛，检查可见鼻甲肿胀、色红、鼻道有黏稠之涕或浓涕积聚，苔薄黄，脉浮数。治拟疏风清热通窍。方用桑菊饮、银翘散合苍耳子散加减。药用桑叶、菊花、桔梗、连翘、杏仁、白芷、薄荷、辛夷、苍耳子、生甘草。方中桑叶、菊花、桔梗、连翘、杏仁、薄荷等疏散风热之邪；佐以辛夷、苍耳子、白芷等通利鼻窍之品。《杂病源流犀烛》说："若风热壅盛，郁于肺中，亦致鼻塞声重，宜疏散之，宜抑金散、川芎茶调散。"

2. 补虚固卫

鼻阻塞无表邪兼证，邪毒滞留鼻窍，在临床上多为肺虚卫弱，卫表不固肺气虚弱，寒邪滞留之证。临床表现为间歇性或交替性鼻塞、流涕、活动后鼻塞可减轻、遇寒则鼻塞加重，检查见鼻腔两下甲肿胀，或肿胀不明显、色淡红、表面光滑、鼻道有涕，苔薄白；脉弱。治宜补肺气固卫表，或温肺散寒。方选用玉屏风散、四君子加味、温肺止流丹、温肺汤、丽泽通气汤等。药用如黄芪、防风、炒白术、党参、茯苓、甘草、茜草、杭菊、薄荷、广藿香、苍耳子、辛夷、石菖蒲、细辛、白芷、荆芥、鱼脑石、升麻、葛根、麻黄、葱白等。方中玉屏风散、四君子汤补肺固卫；茜草、杭菊利血气，清鼻窍；细辛、白芷、荆芥、麻黄、葱白散寒通窍；薄荷、广藿香、苍耳子、石菖蒲、鱼脑石、升麻、葛根等升清阳，化湿浊，助肺气上达，以复鼻窍清灵之性，共奏扶正祛邪之功。在《东垣试效方》中指出"肺虚卫弱，寒邪客面"，治法"宜先散寒邪，后补卫气，使心肺之气交通，则鼻利而闻香臭矣"。

3. 升清降浊

鼻为清气之道，为肺之闾阖，喜清而恶浊。鼻塞迁延，日久不愈者，鼻涕多而黏稠，常曰脾虚所为。脾气虚弱，不能运化水湿，失其升清降浊功能，清气不升，浊阴滞留鼻窍。临床表现为持续性鼻塞、鼻流涕、量较多，并多伴有头昏头胀、胃纳不振、大便溏泄等脾失健运之症，检查可见两鼻腔下甲肥大、色较淡、鼻道有黏液涕积留，苔薄腻，脉濡。治宜健脾益气，升清降浊，或健脾渗湿，升清降浊。方用参苓白术散、补中益气汤、升阳益气汤等为主方。升发胃中清气，而达到健脾气，通鼻窍的目的。药用如黄芪、炒党参、炒白术、炒扁豆、怀山药、生米仁、丝瓜络、苍耳子、广藿香、石菖蒲、茜草、陈皮、升麻。方中黄芪、炒党参、炒白术、炒扁豆、怀山药、苡仁、广藿香补气健脾渗湿；苍耳子、广藿香、石菖蒲以通鼻窍；丝瓜络、茜草、通脉络，利血气。诸药配伍，可补虚除湿通窍。《医学入门》说"鼻塞久不愈者，必内伤脾胃，清气不升，非外感也，宜补中益气汤以和之，以治之论"。说明了脾胃虚弱，运化不健，失去升清降浊之职，邪滞鼻窍，清道不利而致鼻阻塞，必宜从脾论治，升清降浊为大法。

4. 活血祛瘀

部分患者鼻塞日久不愈，呈常年性鼻塞，鼻涕黏稠难出。检查可见鼻下甲、中甲肿胀，部分或全部呈桑葚样变，色暗红或紫红，鼻道有少量黏液性分泌物积聚。苔薄，质紫，脉涩。此因脏腑虚损，邪气滞留，病深日久，阻滞脉络，使气血运行不畅，阻塞鼻窍而致。以活血祛瘀、行滞通窍为法，用以通窍活血汤加味、桃红四物汤合苍耳子散等。药如赤芍、川芎、桃仁、红花、细辛、地龙、杭菊、老葱、生姜、红枣等。方中赤芍、川芎、桃仁、红花祛瘀生新；细辛、菊花、老葱、地龙宣通脉络。诸药配伍，通阳入络，气血运行，鼻窍通利。

5. 清气降火

《内经》指出："心肺有热，而鼻为之不利也。"《明医杂著》说："鼻塞而不闻香臭，……不时举发者，世俗皆以为肺寒，而用表解通利辛温之药不效。殊不知此是肺经有火。"《医学入门》说："鼻塞须知问久新，……久者，略感风寒，鼻塞等证便发，乃肺伏火邪。"《医碥》说："鼻塞一由脑冷，而气化液，下凝于鼻；一由气热，蒸涕壅塞固矣。"部分患者，虽鼻塞反复，但身体壮实，无其他伴随症状。检查可见二鼻下甲黏膜肿胀，色红，涕少。苔薄白，脉平等。鼻为肺之窍，若肺气火热，蒸腾上升，至鼻窍壅塞。因鼻为清气之道，气清则鼻清，气热则鼻塞。故在治疗上

可采用清气降火通窍之法。如清金降火汤加味、黄芩汤、凉膈散加川芎、白芷、荆芥，或黄连清肺饮等。药用黄芩、桑白皮、栀子、浙贝、瓜蒌仁、陈皮、茯苓、桔梗、荷叶、前胡、杭菊、薄荷、辛夷、杏仁等。方中黄芩、桑白皮、栀子、浙贝清肺降火；杭菊、荷叶轻清凉透；杏仁、前胡、桔梗宣肺利气；瓜蒌仁润肠通便而导肺火下行。诸药合用，使火降热清，鼻气新清，则鼻塞通矣。

二、固卫助阳除鼻鼽

　　鼻鼽是以突然和反复发作的鼻痒、打喷嚏、流清涕、鼻塞等为主要症状的鼻病。最早在西周的《礼记·月令》中就有了对本病的相关记载："季秋行夏令，则其大水，冬藏殃败，民多鼽嚏。"正式命名"鼻鼽"则见于《素问·脉解》"所谓客孙脉则头痛、鼻鼽、腹肿者，阴阳并于上，上者则其孙络太阴也，故头痛、鼻鼽、腹肿也"。又《素问玄机原病式》谓："鼽者，鼻出清涕也""嚏，鼻中因痒而气喷作于声也"。故本病又有"鼽嚏""鼽鼻""鼽水""鼻流清水"等名称。本病相当于西医的变应性鼻炎。西医认为，本病是身体接触某些过敏原（如花粉、真菌、尘螨等）后由IgE介导的以炎性介质（主要是组胺）释放为开端，免疫活性细胞、促炎细胞及细胞因子等参与的鼻黏膜慢性炎症反应性疾病。中医学认为，本病多由脏腑虚损，正气不足，腠理疏松，卫表不固，风寒之邪、异气侵袭所致。在其病因病机及治则方面，历代医籍也记载颇多。如《灵枢·口问》曰："人之嚏者，何气使然？岐伯曰：阳气和利，满于心，出于鼻，故为嚏。"《素问·至真要大论》曰："少阴之复，懊热内作，烦躁鼽嚏。"《景岳全书·杂证·鼻证》曰："凡因风寒而鼻塞者，以寒闭腠理，则经络壅塞，而多鼽嚏。"《备急千金要方》说本病系"脑冷肾寒"所致。《诸病源候论》曰："肺气通于鼻，其脏有冷，冷随气入乘于鼻，故使津液不能自收。"《脾胃论》曰："肺者，肾之母，皮毛之元阳本虚弱，更以冬月助其冷，故病者善嚏，鼻流清涕，寒甚出浊涕，嚏不止，比常人大恶风寒……"《秘传证治要诀及类方》则云："清涕者，脑冷肺寒所致，宜细辛、乌、附、干姜之属。"《辨证录》曰："兹但流清涕而不腥臭，正虚寒之病也。热证宜用清凉之药，寒证宜用温和之剂，倘概用散而不用补，则损伤肺气，而肺金益寒，愈流清涕矣。方用温肺止流丹。"

朱教授以中医整体观为原则，结合局部辨证，认为本病病因多以外感、内伤为主，虚证、寒证多见。外感以寒邪为多，内伤以肺、脾、肾三脏虚损为主。肺为华盖，开窍于鼻，外合皮毛，肺气虚，卫表不固，腠理疏松，则易为邪侵，使肺失宣降，水液通调不利，津液停聚，鼻窍壅塞发为鼻鼽，正邪相争，祛邪外出，则鼻痒、喷嚏频作；脾为后天之本、气血生化之源，将水谷精微上输于肺，肺气得以充实，脾虚则行气化湿失司，致清涕涟涟；肾为先天之本，肾阳为一身阳气之本，阳虚则寒，肾虚则摄纳无权，气不归元，症状迁延不愈。总体来看，鼻鼽主要是因肺、脾、肾三脏脏腑功能虚损在先，继而感受风寒引致，是由正虚与邪侵共同作用所致。朱教授还认为，随着病情的发展变化，鼻鼽长时不愈，肺气失宣日久，则导致气机受阻，血津运行不畅，以致气滞津凝而血瘀。

临床上对鼻鼽的辨证治疗如下：

（1）肺气虚弱型：症见猝然发作鼻内奇痒，酸胀不适，喷嚏连连，鼻塞流清涕如水，晨起稍遇风寒便发作，恶风怕冷，气短，动则易汗出，面色白。检查见：鼻腔黏膜苍白水肿，双下甲尤甚，鼻道内伴见较多水样清稀分泌物。舌质淡，苔薄白，脉虚弱。治法：温肺固表，祛风通窍。方药：玉屏风散合苍耳子散加减。方中黄芪益气固表，荆芥、防风散风祛寒，辛夷、苍耳子、白芷辛温通肺窍散寒。鼻痒甚者，可酌加茜草、蝉衣、僵蚕祛风止痒抗过敏；鼻塞者，可加川芎、赤芍、丝瓜络活血通窍等；汗出较多者，可用稽豆衣、乌梅、五味子收敛止汗等。

（2）肺脾气虚型：症见鼻塞、鼻胀较严重，清涕如水，喷嚏频频，伴前额头重，或眉心坠痛感，神疲气短，怯寒，肢重腹胀，纳呆便溏。检查见：鼻腔黏膜水肿明显，或鼻甲息肉样变，或中鼻道息肉，舌淡胖红有齿印，苔白腻，脉濡弱。治法：健脾补气，化湿通窍。方药：补中益气汤加减。方中党参、黄芪、白术、炙甘草健脾益气；陈皮理气健脾；当归养血；升麻、柴胡升举中阳。若腹胀便溏、清涕如水者，可酌加山药、茯苓、生米仁健脾利湿；若畏风怕冷，遇寒则喷嚏频频者，可加防风、桂枝温阳散寒。

（3）肾元不足型：症见鼻塞喷嚏，流清稀涕，形寒怕冷，手足不温，每肩背部感凉即发作，伴腰膝酸软，神疲倦怠，小便清长，或见遗精早泄。检查可见：双侧下鼻甲肿胀，黏膜灰淡或淡暗红，分泌物清稀如水，舌质淡红，苔白润，脉细弱。治法：温补肾阳，补肺止涕。方药：金匮肾气丸合玉屏风散加减。方中熟地、山茱萸补肾填精；桂枝、附子温补肾阳；山药、泽

浙江中医临床名家·朱祥成

泻化气行水；黄芪、白术、防风益气补肺。若喷嚏较多者，可加蝉蜕、制远志等以止痉镇涕；喘咳短气者可加苏子、乌梅纳气定喘；鼻流清涕多者，可加五味子、乌梅敛肺止涕。

（4）痰浊困阻型：症见鼻塞较甚，清涕多，鼻痒不适，头重肢困，胸脘满闷，痰多质黏，纳呆，大便溏。检查见：鼻腔黏膜肿胀较甚，鼻道内涕多白黏，舌淡苔白腻，脉滑。治法：健脾祛痰，化浊通窍。方药：六君子汤合苍耳子散加减。方中党参、白术、茯苓健脾益气；陈皮、半夏燥湿化痰；辛夷、苍耳子、白芷化浊通窍。若鼻塞涕多较重，鼻窍黏膜苍白者，可加细辛、桂枝等辛散之品助阳通脉；若咳嗽痰多者，可加浙贝母、桔梗止咳化痰；反复发作日久，气滞血瘀者，可加赤芍、川芎活血通滞。

（5）肺经伏热型：症见鼻痒，鼻腔壅塞，喷嚏频作，遇热气、异气等刺激后清涕连连，时作时止。伴见咳嗽，咽痒，口干烦热。检查见：鼻腔黏膜肿胀、充血，鼻道内分泌物清稀或质黏，舌质红，舌苔薄或薄黄，脉浮数。治法：疏风清热，宣肺通窍。方药：辛夷清肺饮加减。方中黄芩、知母、石膏、栀子、桑白皮清肺热；辛夷花、枇杷叶清宣肺气，通利鼻窍；百合、麦冬养阴润肺。若流涕色黄量多者，可加用蒲公英、鱼腥草清热解毒；鼻塞、头痛较重者，可加川芎、白芷、路路通通窍止痛；气血瘀滞者可加赤芍、桃仁活血祛瘀等。

目前西医治疗本病主要应用抗组胺药物、鼻腔黏膜减充血剂及糖皮质激素等药物，疗效均不理想，且不良反应也较大。另外，对鼻甲黏膜和鼻腔"扳机点"冷冻、割治、微波、激光、化学烧灼等，也存在一定风险，并且疗效不肯定。朱教授在治疗鼻鼽时常运用温法，取得了良好疗效。温法是中医8种治疗大法中的一种，又称"祛寒法"，是指用温热性的药物治疗寒证的方法。即《素问·至真要大论》中所说的"寒者热之""劳者温之"。前者，是指寒证要用温热药物治疗，有表寒与里寒之别，分而治之。后者，是指虚劳内伤，属于气虚的，用甘温药物来调养，如中气不足等，均属"温法"范畴。鼻为清窍之一，既是清阳交会之处，又是血脉多聚之所，属阳中之阳。若感受外邪致脏腑功能失调，或虚损，元阳不足，窍失温养，寒从内生，鼻窍失灵，喷嚏频作，清涕涟涟而发为病。临床上患者也多有虚寒表现，怕冷，易感冒等。脾为阴中之阴，喜燥恶湿，易为湿困。仲景有云："病痰饮者，当以温药和之。"以性温药物祛除肺中寒邪，化湿健脾，脾土爱稼穑，脾气足，则肺气充，是为培土生金，朱教授认为鼻窍只有得清气温煦，气血濡养，才能正常发挥其呼吸、嗅觉等生理功能。故常用温肺散寒、温中化湿、温肾壮阳、升阳益气等方法治疗鼻鼽。除此，朱教授还认为耳、鼻、咽喉虽都是位于头面部的独立器官，但与全身脏腑经络都有密切的联系，是统一的整体，整个机体抗病能力增强后这些局部器官的功能也能强健，外邪就不易侵犯机体。耳、鼻、咽喉易受外界环境的影响，诱发疾病或加重病情，或影响其病变过程。如春夏花粉飞扬，易患鼻鼽。故饮食起居调摄方面就要尽量注意避免接触过敏原，并且加强锻炼，增强体质。

医案举隅一

刘某，男，32岁，工人。2005年2月初诊，患变应性鼻炎3年余，症见喷嚏频作，时有鼻塞，流清水涕，遇冷发作明显，平素畏寒肢冷，食欲不振，时有腹胀不适，大便溏垢不爽，形体较瘦，面色白，舌淡苔滑。鼻部检查见鼻黏膜苍白，下鼻甲肿大。处方：炙黄芪15g，白术15g，党参10g，当归10g，陈皮6g，升麻5g，炙甘草10g，地龙5g，细辛3g，五味子10g。服药14剂后症状明显好转，坚持原方服用1个月症状基本消失，继则2日服用1剂，续用药1个月后症状无复发。

按：鼻为血脉多聚之处，乃多气多血之窍。阳明胃脉起自鼻根，有"经络所至专属阳明"（《景岳全书》）之说。脾升清，鼻属清窍，有赖清气的温养，故脾气健旺，升举清阳，清气通鼻，鼻得清气之温煦，方能保持清虚通畅之性。正如《东垣试效方·鼻门·鼻不闻香臭论》所云："若因饥饱劳役，损伤脾胃，生发之气既弱，其营运之气不能上升，邪害空窍，故不利而不闻香臭也。宜养胃气，使营运阳气，宗气上升，鼻则通矣。"本案患者症见喷嚏频作、鼻塞、流清水涕，当属鼻鼽；平素畏寒、食少、时有腹胀、便溏，辨证属脾气虚弱，清阳不升。治宜健脾摄津，温阳散寒。方中补中益气汤健脾益气，升举清阳以降浊阴，加用细辛、地龙通窍散寒，五味子收敛固涩，以入鼻窍而止涕，疗效颇佳。

医案举隅二

徐某，女，29岁。2013年8月28日初诊，患者鼻塞、打喷嚏后流清涕3年余，伴鼻痒，气候变化及夜间睡眠时较甚。近日鼻内疼痛不适，平素怕冷，易腹泻。检查见鼻腔黏膜及双下甲肿胀、色淡红，右侧甚，中道有清涕，量一般。舌淡红苔薄白，脉细。诊断为鼻鼽，属肺脾气虚，治以健脾益肺，温阳通窍。处方：生黄芪15g，白芷9g，荆芥10g，防风10g，生甘草10g，忍冬藤15g，连翘15g，桑白皮10g，辛夷9g，藿香10g，丝瓜络5g，石菖蒲5g，

浙江中医临床名家·朱祥成

五味子6g，炒山药15g，生米仁30g，蝉衣6g，炒丹皮10g，茜草10g，茯苓15g，共7剂。嘱患者避风寒，防感冒。

二诊：鼻塞鼻痒仍旧，但有所好转，鼻中疼痛减轻，打喷嚏流清涕减少，腹泻症状明显减轻。检查见鼻腔黏膜及双下甲肿胀，色淡红，右侧甚，中道有少量清涕。舌淡红，苔薄白，脉细。上方减炒山药，加炒党参、炒黄芩、绿梅各10g，共7剂。

三诊：鼻塞鼻痒明显减轻，无鼻痛，偶有打喷嚏。检查见鼻腔黏膜及双下甲肿胀一般，色淡红，中道清洁，鼻腔通气良好。舌淡红，苔薄白，脉细。上方减连翘，加乌梅3g，共7剂。

四诊：受凉后鼻塞甚。检查见鼻腔黏膜及双下甲肿胀，色苍白，中道少许清涕。舌淡红，苔薄白，脉细。上方减绿梅，加炙桂枝6g，共7剂。

五诊：鼻塞明显减轻，鼻腔略干燥，偶有涕中带血丝。检查见鼻腔黏膜及双下甲肿胀一般，色淡红，中道清洁，未见明显出血点。舌淡红，苔薄白，脉细。上方减桂枝、防风，加白茅根15g，共7剂。

六诊：鼻塞不明显，鼻腔干燥减轻，无明显打喷嚏流清涕。检查见鼻腔黏膜及双下甲无明显肿胀，色淡红，中道清洁，鼻腔通气良好。舌淡红，苔薄白，脉细。上方减白茅根，共7剂，调理1月余后诸症皆除。

按：患者素有鼻鼽，怕冷，易腹泻，感寒后症状加重，属肺脾虚寒。方中荆芥、防风，性温，佐蝉衣祛风固表止痒；生黄芪、炒山药、藿香、茯苓、生米仁合用，甘温除湿，健脾补中；白芷、辛夷散寒通窍；忍冬藤、丝瓜络、石菖蒲通络开窍；五味子、乌梅收敛固涩，缩清涕，补肾水；连翘、桑白皮清肺解毒；再佐丹皮、茜草凉血活血，抗过敏。综观全方，温阳健脾与祛风固表并用，以温为主，温中寓清，又使温不致太过而生燥。另患者易感寒，予炙桂枝后出现鼻腔干燥，服用一周即去之，予白茅根凉血止血，可见辛温之品易助热伤阴液，故应中病即止。

临床中朱教授还将温法运用于虚证鼻渊、鼻阻塞及脓耳，此即"异病同治"，均取得良好疗效。但温法并非朱祥成教授治疗耳鼻咽喉疾病的全貌，这也提示我们在临床中还是应将中医整体思想与辨证论治结合后抓住本质，才可药到病除。

三、扶正祛邪利鼻渊

鼻渊是指以鼻塞、流浊涕、头痛、嗅觉下降等为主症的鼻病，相当于西医的鼻窦炎，为耳鼻咽喉科的常见病。本病有虚、实之分，临床上虚性鼻渊多见，故本节主要论述虚性鼻渊。本病多因反复发作，正气虚弱，邪留鼻窍所致，属虚实夹杂之证。其病程缠绵，易反复，严重影响人们的日常工作和学习。

朱祥成教授从事中医耳鼻咽喉科工作数十年，治学严谨，学验俱丰，善于辨证论治各种疑难杂症，尤其对耳鼻咽喉疾病独具匠心，积累了丰富的经验，颇有独特见解。现将朱教授治疗虚证鼻渊的经验介绍如下。

（一）注重整体，结合局部，辨证分型

朱教授根据中医整体观，注重整体和局部的有机结合，认为人体是一个有机的整体，这种整体的统一性是以五脏为中心，通过经络的联系，并通过精、气、血的作用来完成统一的功能活动。而构成人体的组织器官，都是这个有机体的一个部分，耳、鼻、咽喉作为人体的局部器官，是整体的一个组成部分，其正常生理功能的发挥，有赖于各脏腑组织的正常。而耳、鼻、咽喉各种不同的病理变化，也可能是脏腑经络中某一环节的功能失调所引起的。可以说，耳鼻咽喉具有整体生命活动的全部信息，是人体生命信息的表达部位。正如《丹溪心法》"欲知其内者，当以观乎外，诊于外者，斯以知其内，盖有诸内者，形诸外。"朱教授在临床中遵循中医理论的整体观，结合临床患者的局部变化，辨证分型，按型论治，在临床治疗上取得了良好的治疗效果。朱教授并将虚性鼻渊分为四型，即邪毒留滞、肺脾气虚、脾肾阳虚、肺肾不足。其治疗法则为调整脏腑，健脾益肺，扶助正气，祛邪解毒，充分发挥了中医药辨证治疗慢性鼻窦炎的优势。

1. 邪毒留滞

朱教授认为，若久病或先天禀赋不足致脾气虚弱，不能运化水湿，失其升清降浊功能，清气不升，邪毒浊阴易滞留鼻窍。若肺气虚弱，抗邪力怯，伤及肺卫，或肺气不足，表卫不固。患者易伤风感冒，反复发作，以致外邪易乘虚而入，内犯于肺，肺失清肃，邪毒也可壅塞鼻窍。肺脾不足，则正气虚弱，气血不调，无力祛邪，均能致邪毒滞留鼻窍。此型常为虚证鼻渊，多复感外邪的表现，常见持续性鼻塞加重、流脓涕、量多色黄或黄绿、或有腥臭味、嗅觉明显减退、头痛甚；鼻甲黏膜肿胀色红，中鼻道有脓涕积留，舌暗淡，苔黄腻或白腻，脉缓弱或细数。

2. 肺脾气虚

朱教授认为，此证型可由外邪侵袭后迁延治疗或治疗不彻底或外邪反复侵袭，致肺脏虚损，肺卫不固，易为邪犯，正虚托邪无力，邪滞鼻窍而为病；或饮食不节，久病失养，疲劳思虑过度，损伤脾胃，致脾胃虚弱，运化失健，气血精微生化不足，鼻窍失养，加之脾虚不能升清降浊，湿浊内生，困聚鼻窍而为病。隋代《诸病源候论》提出："肺主气而通于鼻，而气为阳，诸阳之气，上荣头面，若气虚受风冷，风冷客于头脑，即气不和，令气停滞，搏于精液，脓涕结聚，即不闻香臭"，认为由于肺气虚寒，再受风寒之气的侵袭，则使肺气不和，导致鼻流脓涕，不闻香臭。《景岳全书》曰："此证多因酒醴肥甘或久用热物，或火由寒郁，以致湿热上熏""故新病者多由火热，久病未必尽为热证，此当审察治之"，指出鼻渊日久，可出现头脑隐痛、眩晕不宁等症。此型临床上常见鼻塞、流白黏涕或黄黏涕、嗅觉减退、头昏胀痛；或遇风寒鼻塞加重，喷嚏时作；或神疲乏力，食少纳呆；鼻黏膜肿胀色淡，中鼻甲肿胀或息肉样变，或中鼻道有息肉，舌质淡胖，苔薄白，脉缓弱或细弱。

3. 脾肾阳虚

朱教授认为，盖肾为阳气之本，脾为生化之源，先天禀赋不足或久病失养，以致肾阳亏损，脾气虚弱，鼻窍鼻窦失于温煦和濡养。正如《景岳全书·鼻》提出"髓海受损，气虚于上"之说。《赤水玄珠》曰："鼻流浊涕者，必肾阳虚而不能纳气归元，故火无所畏，上迫肺金，是津液之气不得降下，并于空窍，转浊为涕，而为逆流矣。"此型临床较为少见，临证常见鼻涕黏白清稀，量多不止，鼻塞及嗅觉减退；或鼻痒喷嚏时作，遇风冷症状加重；常见形寒肢冷、精神萎靡，夜尿频多，神疲肢倦；下鼻甲肿胀，中鼻甲亦肿、色淡，中鼻道亦有白色黏涕积留，舌质淡胖，苔薄白，脉沉细无力。

4. 肺肾不足

朱教授根据中医辨证论治理论，认为鼻窦久病也可伤及肺肾，肾阴为一身阴液的根本，肾阴不足，鼻失滋养而失用，邪滞鼻腔窦窍。同时，肾脉上连于肺，肾阴不足可损及肺阴，精液枯干，亦致鼻失滋养而失用。正如《证治要诀》指出："涕或黄或白，或时带血，如脑髓状，此由肾虚所生。"此型临床常见于虚证鼻渊兼鼻肌膜萎缩者。症见鼻干燥或少量黏浊涕、疼痛不适、鼻出血、嗅觉减退或消失、鼻内发臭；或腰膝酸软、失眠多梦；鼻甲肌膜干燥，或呈萎缩性改变，或已明显萎缩，鼻窍宽大，中鼻道可见脓痂或脓血痂积留，舌红少津，脉细数。

（二）临证立法，分型用药，灵活运用

朱教授根据其证型特点，结合自己的临床经验，注重调整脏腑，临证立法，分型用药，灵活运用，总则为健脾益肺，补肾滋阴，扶助正气，祛邪解毒，宣通鼻窍。整体治疗，祛邪外出，疗效显著。

1. 邪毒留滞

正虚邪盛，蕴积鼻窍，常复感外邪。常用自拟黄芪内托解毒汤，以扶助正气，祛邪解毒。药用：生黄芪、白芷、桔梗、生甘草、桑白皮、茜草、忍冬藤、连翘、鱼腥草、黄芩、苍耳子、辛夷、广藿香、丝瓜络、石菖蒲、茯苓、生米仁。若鼻甲肿胀重，色暗红，加重忍冬藤用量，亦可加丹参、赤芍、当归加强活血祛瘀通络之功；若涕多不易擤出，加皂角刺、白蔹、生丹皮加快邪毒外出；若涕黄浊量多，加千里光、蒲公英、败酱草以增解毒祛邪之功；头痛头胀者，加荆芥、防风、蔓荆子、蝉衣祛邪外出；若涕中有脓血，加白茅根、仙鹤草、大小蓟、水牛角以凉血解毒止血。

2. 肺脾气虚

气化无力，湿浊停滞，常用温肺止流丹加减或补中益气汤等方，以益气通阳，化湿宣窍。药用黄芪、党参、甘草、白芷、防风、茯苓、桔梗、鱼脑石、荆芥、生米仁、广藿香、五味子等。若鼻甲肿胀重，色淡，可加藤梨根、蜂房以消肿通窍；若鼻涕白黏而稠量多者，可加皂角刺、蒲公英、鱼腥草等解毒托毒外出；若鼻窍阻塞较甚，涕色白，可加细辛，或桂枝温经通窍。

3. 脾肾阳虚

温煦无力，邪毒留滞，方用归脾汤合肾气丸加减，以温补肾阳，通窍止流。药用熟地、党参、黄芪、茯苓、白术、怀山药、萸肉、枸杞子、仙灵脾、当归、辛夷、白芷、藿香、石菖蒲、桔梗、皂角刺、鱼腥草、生米仁、甘草。若伴头胀头痛，加川芎、白蒺藜、蔓荆子活血祛风；若中甲息肉样变、肿胀，可加藤梨根、蜂房以消肿通窍；若鼻窍阻塞较甚，涕色白，可加细辛，或桂枝温经通窍。

4. 肺肾不足

津液亏虚，鼻窍失养，邪聚鼻窍，方用百合固金汤或六味地黄丸加减，

以滋肾补肺，充养鼻窍。药用黄精、玉竹、百合、生地、枸杞子、沙参、麦冬、熟地、山萸肉、怀山药、泽泻、牡丹皮、白茯苓、制女贞子、旱莲草、玄参等。若涕中带血者，可加白茅根、水牛角、炒丹皮、炒黄芩清肺凉血止血；若涕痂较多者，可加鱼腥草、蒲公英、忍冬藤、生米仁、广藿香等清肺解毒化湿之品；若肌膜萎缩干燥，鼻道积痂多者，加丹参、赤芍、茜草、生丹皮等活血祛瘀，有利通调血脉，祛瘀生新。

临床上朱教授治疗虚性鼻渊常用自拟黄芪内托解毒汤，组方：生黄芪15g，炒党参10g，白芷9g，桔梗10g，生甘草10g，桑白皮10g，茜草10g，忍冬藤30g，连翘15g，鱼腥草30g，黄芩10g，苍耳子9g，辛夷10g，广藿香10g，丝瓜络5g，石菖蒲5g，茯苓10g，生米仁30g。生黄芪为本方主药，具有补气健脾，升阳举陷，益卫固表，利尿消肿，托毒生肌功效。现代药理研究表明，黄芪能促进机体代谢、抗疲劳、促进血清和肝脏蛋白质的更新，有明显的利尿作用，并能增强和调节机体免疫功能，对干扰素系统有促进作用，可提高机体的抗病力，对流感病毒等多种病毒所致细胞病变有轻度抑制作用，有较广泛的抗菌作用等。党参、茯苓、米仁健脾利水渗湿。桔梗、鱼腥草能活血消痈，托毒排脓。桑白皮、黄芩、连翘、生甘草清肺热解毒。忍冬藤、茜草、丝瓜络祛瘀活血和络。白芷、广藿香、石菖蒲芳香祛邪通窍，清利鼻窍。苍耳子、辛夷治鼻专用祛风通窍。诸药合用，具有健脾益肺，益卫固表，内托解毒，清肺通窍功能。临证加减：若神疲乏力，加炒白术10g，炒山药15g加强健脾益气之力；涕黄浊量多，加千里光10g，蒲公英15g，败酱草15g以增解毒祛邪之功；伴头胀头痛，加防风10g，川芎10g，白蒺藜10g，蔓荆子10g活血祛风；若涕多不易擤出，加皂角刺10g，白蔹10g，生丹皮10g加快邪毒外出；若中甲息肉样变、肿胀，可加藤梨根20g，蜂房6g以消肿通窍；若涕中有脓血，加白茅根30g，大小蓟各10g，水牛角10g以凉血解毒止血；若鼻窍阻塞较甚，涕色白，可加细辛3g，或桂枝6g温经通窍；若鼻甲肿胀重，加重忍冬藤用量，亦可加丹参20g，赤芍10g，当归10g加强活血祛瘀通络之力。

（三）医案举隅

李某，男，55岁，干部。2010年8月10日初诊，患者鼻塞、流脓涕、有臭气，伴头昏数月，就诊时面色微黄，肢困乏力，怕风多汗，近日纳差、便溏，舌淡胖，苔薄白腻，脉弱。鼻检见鼻内肌膜肿胀，双鼻中道有少量息肉样物，并见黏稠样痂涕积留，苔薄白，脉细。证属鼻渊，辨证为肺脾两虚，邪滞鼻窍。治用健脾益肺，驱邪通窍。处方：生黄芪15g，茯苓10g，生甘草10g，桔梗10g，白芷5g，桑白皮10g，黄芩10g，浙贝10g，苍耳子9g，辛夷10g，忍冬藤15g，连翘15g，鱼腥草30g，败酱草20g，广藿香10g，丝瓜络5g，石菖蒲5g，茜草10g，每日1剂，服7剂。

二诊：药后鼻塞减轻，鼻内臭气已减，头胀痛亦轻，脓涕减少，汗出减少，大便正常。检查见鼻内肌膜肿胀减退，中道息肉样物已较前缩小，黏脓鼻涕明显减少，中鼻甲肿胀，苔薄白，脉细弦，再拟原方法继续，原方加丹皮10g，每日1剂，服7剂。

三诊：患者鼻通气，流涕明显减少，鼻内臭气已除，头不胀痛，鼻腔中道清洁，息肉样物已不明显，中鼻甲不大，苔薄白，脉细弦。再宗原方加生米仁30g，嘱患者连续服用，定期检查。患者遵嘱用中药治疗2月余，诸症悉除。

按：根据患者的病程、出现的症状、局部鼻腔的检查，结合舌苔脉象，证属虚证鼻渊，辨证为肺脾气虚，脾之运化失健，肺之清肃不力，邪毒滞留不清，留置于鼻窍而为病。故重用黄芪、茯苓、生米仁等健脾益肺，使脾能运化，升清降浊，肺能清肃，使邪外出；用鱼腥草、败酱草、连翘、桔梗解毒排毒；桑白皮、黄芩、浙贝清肺肃肺；苍耳子、辛夷、白芷、石菖蒲、广藿香宣通鼻窍；忍冬藤、茜草、丹皮、丝瓜络活血通络，使邪外泄而不滞留。本方意在扶正祛邪，邪泄而窍自通。临床上正虚邪实之证，必须扶助正气，托毒外出，需用托里透脓之药，方能获效。

（四）体会

（1）通过不断临床实践、学习，西医慢性鼻窦炎理论与临床多方位的研究不断深入，鼻内镜手术纠正及改善鼻与鼻窦的解剖异常，开放鼻窦，切除息肉及清除病变组织，使鼻腔、鼻窦恢复正常解剖形态及功能，为慢性鼻窦炎的治疗奠定了基础。然而就慢性鼻窦炎黏膜炎性反应来讲，据临床报道即使经过更长时期的围手术期的综合治疗，通过临床病理组织学实验，鼻及鼻窦黏膜的炎性状态依然存在，即使通过调整抗生素的剂量，仍有一部分治疗效果并不显著。

（2）慢性鼻窦炎的发生发展可能是全身、局部和环境多种因素作用的结果，应用西药或滴鼻剂治疗，对鼻窦炎临床症状改善仍不满意。另外，慢

性鼻窦炎病程缠绵，易反复，如治疗不彻底或拖延不治，容易引起全身多个脏器的病变。

（3）中医中药治疗鼻窦炎，在古代医籍中有丰富的理论基础和治疗经验，早在《素问·气厥论》就有"胆移热于脑，则辛頞鼻渊。鼻渊者，浊涕下不止已"记载，后世医家亦有很多论述，为中医中药治疗鼻窦炎提供了理论基础。

（4）朱教授治疗虚证鼻渊则是根据中医基础理论、长期的临床实践经验，考虑本病的发生发展，注重整体，以整体辨证和局部检查相结合，给予分型辨治，调整脏腑，扶正祛邪，同时还根据鼻塞程度，涕液颜色、稀稠等症状，加减用药，灵活运用，在临床治疗中取得较好疗效，值得研究和深入总结。中医药治疗慢性鼻窦炎的前景值得期待。

四、标本兼治止鼻衄

鼻腔出血，中医称为"鼻衄"，是许多疾病的一个症状，不是一种独立的疾病。

鼻出血少量时仅涕中带血，或点滴而出，量多时可自口鼻涌出。若处理不当可引起贫血、休克，甚至死亡。

鼻出血在耳鼻咽喉急诊中比例较高，有些患者出血量多，血涌出一时难以断定出血的部位。患者和家属都极为紧张，给处理带来困难。

了解鼻出血的原因和处理原则，若碰到这一情况不至于过于紧张，能及时处理。鼻出血的原因比较复杂，一般可分局部原因和全身原因。

（一）局部原因

（1）易出血区血管破裂：鼻中膈前下区有数支小血管末梢吻合形成毛细血管网，表面覆盖的黏膜柔嫩，有上皮化生现象，易受外界刺激和损伤。如外伤、挖鼻、粉尘、炎症，致使血管破裂出血。据统计该处小血管破裂而出血的占80%。出血可多可少，一般较少，血自前鼻孔流出，亦可反复出血，多可查见。少量出血时，捏住鼻翼亦能自止。

（2）外伤：鼻骨折、颅底骨折、鼻腔及鼻窦手术、鼻部被击。

（3）鼻中隔偏曲：特别是矩状突起，易受气流等刺激，可局部黏膜干燥、结痂、糜烂。

（4）鼻腔特异性炎症、鼻腔结核、白喉等。

（5）鼻腔、鼻咽部及鼻窦的肿瘤：良性肿瘤以鼻腔血管瘤、纤维血管瘤多见；恶性肿瘤以鼻咽癌、上颌窦癌多见。

1）鼻咽癌：鼻腔少量反复出血，而这种出血多是回缩涕中带血，往往在前鼻孔查不到出血点。前鼻孔擤出的涕中不带血，常常在回缩涕中带少量血丝。有这种症状要提高警惕，应及早去医院检查。

还要注意以下几点：①鼻塞：肿瘤阻塞鼻窍；②听力减退：耳内阻塞或耳内有积液，反复穿刺不愈；③头痛；④颈部有无肿块，或淋巴结是否肿大、鼻咽部有无肿物；⑤血液化验：检查VCA-IgA滴度是否增高，出现阳性情况；⑥鼻咽部CT检查：确定肿瘤侵犯范围；⑦鼻咽部活组织病理切片，最后确诊。

2）鼻窦癌：以上颌窦癌为多见，早期症状不明显。凡40岁以后：鼻腔常流血性鼻涕，多为一侧性，涕多恶臭；出现不明原因的上颌牙痛剧烈，局部变形；鼻腔X线摄片检查，上颌窦骨壁破损，肿块印影，需鼻腔内病理组织切片确诊。

（二）全身原因

（1）心血管病性出血：凡引起动静脉压增高的疾病，均可造成鼻出血。如高血压、动脉硬化、肺源性心脏病等。

这种鼻出血部位多在鼻腔后部（老年人下鼻道外侧壁后方接近鼻咽处亦有一个浅表的扩张静脉丛，出血多发生在这里）。出血量多，常自口鼻涌出；量少则不易查见。该处血管破裂后，收缩力很差，不易止血，常大量出血，一般处理止血效果不佳，需作后鼻孔填塞止血法。

（2）血源性出血：由于各种原因所致的凝血机制发生障碍所引起。如血小板减少症、再生障碍性贫血、白血病、肝肾等慢性疾病（肝硬化）、风湿热均可发生鼻出血。

出血特点：持续不断的黏膜弥漫性出血，"渗渗而出"，或反复多次出血，患者多有贫血貌。若不解除病因，则不易止血。

（3）气压改变：如登山、潜水、高空飞行等。由于气压的变化，可使血管破裂而出血。

（4）维生素缺乏：如维生素K、维生素C缺乏，均易出血。

（5）中毒：如磷、砷、汞、铅中毒，可使肝脏的凝血功能发生障碍而出血。

浙江中医临床名家·朱祥成

（6）月经失调：倒经、代偿性鼻出血。

（三）出血处理原则

出血的处理原则是查明原因，迅速止血。

（1）查明出血原因：首先应对全身情况做出大概的估计，若是情况许可，尽量先查明原因再处理，对鼻出血患者要做到四查，一查病史，二查局部，三查全身，四查血液。如果出血量不多，血从前鼻孔来，经局部检查在鼻中隔前下方发现出血点或黏膜糜烂，证明是鼻中隔易出血区引起的鼻出血。如果出血量多，又反复多次，从后鼻孔流出，若是年轻男性，就要警惕鼻咽部纤维血管瘤。年长有高血压病史者，要考虑心血管病性出血，该类患者大量鼻出血时，鼻腔后部的情况有时不易查清，可先作前后鼻孔填塞法止血，而后再查清原因。总之，查明出血原因是对症治疗鼻出血的一个重要方面。

（2）迅速止血：鼻出血特别是在大量涌出时，一方面要迅速寻找或判断出血部位和原因，一方面要迅速选择有效的止血方法。

1. 一般处理

（1）使患者镇静：发生鼻出血，一定要镇静，不能紧张，若患者由于出血较多而造成恐惧，精神紧张，反而加重出血，所以首先应使患者镇静，给予语言安慰，必要时还可应用镇静药物。

（2）采取适当的位置：患者取坐位或半坐位，以降低鼻部的血压。若出现虚脱，或休克时则采取平卧位。

（3）鼻部冷敷：以冷水浸湿毛巾，或冰袋敷患者的鼻部或前额部。

（4）简单用药止血：将云南白药、三七粉撒在棉花上塞入鼻腔。

（5）导引法：令患者双足浸于温水中，或以大蒜捣烂，敷涌泉穴。

（6）滴鼻法：古人用香墨浓研滴入鼻腔，或麻黄素滴入。

2. 局部治疗

处理时应首先明确哪侧鼻腔出血，然后清除血块，检查鼻腔，根据出血情况和部位选择适当的方法进行止血。

（1）手指压迫止血：鼻出血量少，可能是鼻中隔出血，可捏紧鼻翼，或把药棉塞入鼻腔再捏紧鼻子。

（2）填塞止血：用凡士林纱条填塞鼻腔，24小时取出，或用碘伏纱条，1周后取出，或用明胶海绵，自行吸收；前后鼻孔填塞，时间不宜超过

48小时，以防感染，同时适当给予消炎抗菌药物。或用止血粉填塞，如云南白药、血余炭、马勃。

（3）化学药物烧灼：常用硝酸银结晶。

（4）电灼止血：适用于鼻腔小动脉喷射状出血；或用高频电刀直接烧灼出血点。

（5）冷冻止血。

3. 对因治疗

鼻出血的病因比较复杂，止血后应进一步查明出血原因，特别是全身疾病所致者，必须对原发病进行治疗，如高血压、肿瘤、血液病等。若病因不能查清，多不能治愈。

4. 中医中药治疗

中医中药治疗鼻出血有很好的疗效，根据鼻出血的情况及整体舌苔脉象，进行辨证治疗。

（1）肺经热盛：鼻孔干燥，鼻出血、量不多、色鲜红，咳嗽痰少，口干身热，舌质红，苔薄白，脉数。治宜疏风清热，凉血止血。选用桑菊饮加丹皮、白茅根、山栀炭、桑白皮、炒黄芩、连翘等。

（2）胃热炽盛：鼻燥，鼻出血量多、色暗红，口干口臭，烦渴引饮，大便燥结，小便短赤，舌质红，苔黄，脉洪而数。治宜清泄胃火，凉血止血。选用犀角地黄汤加减，加石膏、知母、黄芩、山栀等。若大便干燥者加大黄、瓜蒌皮等。

（3）肝火上逆：鼻出血量多、色深红，不时举发，头痛头晕，口苦咽干，胸胁苦满，目赤易怒，舌红，苔黄，脉弦数。治宜清肝泻火，凉血止血。选用龙胆泻肝汤加羚羊角、丹皮、赤芍、茜草、黄芩等。

（4）肝肾阴虚：鼻出血色淡红，时作时止，量不多，口干少津，头眩目糊，耳鸣心悸，五心烦热，腰膝酸软，舌红嫩或少津，苔少，脉细数。治宜滋肾养肝，养血止血。选用知柏地黄丸加旱莲草、藕节、阿胶等。

（5）脾不统血：鼻出血渗渗而出、色淡红、量或多或少，面色不华，饮食减少，神疲懒言，舌淡，脉弱。治宜健脾益气，补血止血。选用归脾汤加减，加侧柏叶、地榆炭、仙鹤草等。

第
五
章

<h1 align="center">学 术 成 就</h1>

第一节　积累经验创特色

一、独特的诊治方法

朱祥成教授从事教学、科研及临床工作50余年，博览医书古籍，尊古鉴今，不泥古说，勤于思考，创见颇多。朱教授将机体自身整体性和内、外环境整体的统一性始终贯穿于中医耳鼻咽喉科疾病的生理、病理、诊法、辨证治疗、预防调护等各方面。朱教授集诸家之所长，再结合自身长期临诊经验，在整体辨证原则指导下，总结创立了辨病与辨证、整体与局部、内治与外治、药物与心理、治疗与饮食五合疗法的学术思想，并将该理念运用于教学科研和临床治疗中，在耳鼻咽喉科常见病、多发病的证治，都收到非常显著的疗效，深受广大患者的好评。现将朱祥成教授独特的诊治方法介绍如下：

（一）辨病与辨证结合

朱教授认为任何疾病，首先要确切诊断。确切诊断就必须明析辨病与辨证，中医所谓辨病，就是通过对患者的病因病史、症状体征、各种辅助检查结果、类证鉴别等一系列资料进行综合分析，做出正确的判断。就是我们常说的通过中医的望、问、闻、切（切包括查的内容）四诊，做出诊断。这与现代医学相一致，不过病名会有不同。如咽炎，中医称喉痹；分泌性中耳炎，中医称耳胀或耳闭；急慢性鼻窦炎，中医称鼻渊等。所谓辨证，就是对疾病所出现的症状，结合舌苔脉象进行综合分析，这是中医的核心和精华。可通过脏腑、八纲、伤寒六经、卫气营血辨证，来分清疾病寒、热、虚、实的性质，疾病的表、里受邪情况，疾病之邪在卫、气、营、血分的情况，以及疾病的传变、转归预后。中医辨证，有一套完整的理论依据，审察病机、选方用药都必需依据辨证要点，只要证情相符，不论是同病异治或异病同治都能殊途同归；反之若离开了中医辨证，单纯依靠辨病来选方用药，则非但难以奏效，有时还会导致误治、变证而延误病情。辨病与辨证，都是认识疾病的过程，单靠任何一种方法，都不能全面、客观、准确地判断疾病的轻重缓急、预后转归。同样一种病，在不同的患者身上，或同一个患者的不同时期，其病情的程度、治疗的难易都会有很大差异。反过来，同一证候可以出现在不同疾病中，而这些疾病的轻重预后往往大相径庭。如果只辨其证，不辨其病，在临床上就会造成漏诊、误诊，铸成大错。朱教授对耳鼻咽喉科疾病一贯强调整体辨证，但亦不忘其局部的变化，如通过耳鼻咽喉部的局部形态、色泽各种变化，进行寒热虚实的辨证。局部辨证可为整体辨证提供重要内容及依据，从而做出正确的诊断，是立法处方的依据。在做出正确的诊断之后，通过辨证，中医对耳鼻咽喉科疾病的治疗可充分发挥特色，同一疾病灵活应用多种不同的治疗方法，能收到比较好的效果。同一疾病，不同患者，辨证立法处方亦可完全不同，这就体现了治疗耳鼻咽喉科疾病必须辨病与辨证相结合这一中医特色。

（二）整体与局部结合

人以五脏为中心，通过经络，把五脏、六腑、五官、四肢百骸等全身组织联系成有机整体，并通过气、血、津、液的作用完成统一的功能活动。朱教授遵循"正气存内，邪不可干""邪之所凑，其气必虚"理论，为患者诊治过程中，以整体性观念，全面地考虑问题。耳、鼻、咽喉作为人体局部器官，是整体的一个组成部分，其生理功能的发挥，有赖于各脏腑组织的正常功能。同样，耳、鼻、咽喉的各种不同的病理变化，亦可能是脏腑经络某一环节或功能失调所致；反之，耳、鼻、咽喉的局部病变，也会影响到内部的脏腑组织而产生病理改变。

1. 耳、鼻、咽喉与脏腑经络的关系

（1）朱教授临证时非常注重耳鼻咽喉与脏腑经络的关系。

1）耳：位于头部两侧，属阳，是清气及脏腑精气上通之处，属"清窍"之一，司听觉，主平衡，与五脏六腑、四肢百骸的生理功能密切相关。手足少阳、太阳经及其经筋，手阳明经别络等均直接循行于耳，同时，阴经又与阳经相互络交，与耳联系。针灸学中的耳针图，形似一个倒置形的胎

儿，其中，四肢脏腑对应的穴位，用于诊治全身疾病。经络将五脏六腑和耳相连贯，故耳的生理功能及功能异常所产生的病理变化可反映出脏腑的生理及病理变化；反之，脏腑的生理病理变化也可反映于耳。与耳联系密切的脏腑主要有肾、心、肝、胆、脾、肺。

2）鼻：又称"明堂"，位于面的中央，为阳中之阳，清气从鼻窍出入，鼻窍又是血脉多聚之处，故属"清窍"之一。鼻助肺行呼吸，主嗅觉，协发音，思清化。手足阳明、太阳经，足少阳经等直接循行于鼻。不仅如此，《灵枢·五色》曰："明堂骨高以起，平以直，五脏次于中央，六腑挟其两侧……五脏安于胸中，真色以致，病色不见，明堂润泽以清"，认为鼻为五脏六腑的缩影，五脏依次分布于鼻的中部，六腑在鼻两旁，鼻部色泽的变化在一定程度上反映了其相对应脏腑的生理状态和病理变化。与鼻联系密切的脏腑主要有肺、脾、胆、肾、心。

3）咽喉：是人体的要冲。咽在前，上连口腔，下接食管通胃腑，为胃之系，是气息出入及饮食水谷的共同通道，司饮食吞咽、助言语、御外邪。喉在后，上通口鼻，下接气管至肺，为肺之系，行呼吸、发声音、护气道。在十二经脉中，除手少阳经和足太阳经间接通于咽喉外，其余经脉皆直接通达。咽喉不仅是全身众多经脉循行交会之处，还是饮食、呼吸之门户，故与五脏六腑有着密切联系。与咽喉关系较为密切的脏腑有肺、胃、脾、肾、肝。

（2）朱教授还归纳出各脏腑与耳、鼻、咽喉的生理病理联系如下：

1）肺与耳、鼻、咽喉的联系：肺主一身之气贯于耳，能为听，肺金受邪，则咽燥耳聋；肺气通于鼻，肺和则鼻知香臭，肺气虚，则肃降失常，鼻窍不利；喉为肺系，共同完成主气，行呼吸和发音，肺脏病变，直接影响呼吸和发音，金实不鸣，金破不鸣，咽喉疼痛。

2）脾与耳、鼻、咽喉的联系：脾升清降浊，运化水谷，濡养耳窍。脾虚湿困，清阳不升，壅闭耳窍，致耳鸣、耳聋、耳闭、脓耳日久不愈。脾气健旺，气血运行于鼻，功能正常。脾虚湿困，清阳不升，则鼻窍不利，脾不统血，血溢脉外。脾胃互为表里，经脉络属，咽喉得到脾气的输布而健旺。脾脏蕴热，则上蒸咽喉，咽喉肿痛，脾气不足亦能声音嘶哑。

3）肾与耳、鼻、咽喉的联系：肾为先天之本，肾之精气上通于耳，耳窍受养而听觉聪敏；肾精亏虚，耳失滋养，致耳鸣、耳聋、眩晕。督肾二脉交会于鼻，肾主纳气，助肺呼吸出入，肾气不足，为欠为嚏，致清涕长流。

肾为藏精之脏，肾精充足，咽喉得精气濡养，功能健旺，咽喉润泽，声音洪亮。肾虚阴液亏损，则咽喉失养，咽喉干燥疼痛，声音低哑。朱教授在临床中遵循古人"五脏之伤，穷必及肾"的说法，认为一切耳鼻咽喉疾病病变日久必损及肾，故从调补肾阴肾阳着手，治疗萎缩性鼻炎、过敏性鼻炎、慢性咽炎、慢性非化脓性中耳炎、迷路积水症等多种耳鼻咽喉科慢性疾病。

4）肝与耳、鼻、咽喉的联系：足厥阴脉络耳，肝之精气通耳，肝失调达，肝气上逆，致耳聋头痛、眩晕；肝之经气上通咽喉，调和咽喉气血，肝气郁结，则咽喉气血失调，哽哽不利，状如梅核。

5）心与耳、鼻、咽喉的联系：手少阴脉络耳，心主血脉，气血上充耳窍，心脉瘀阻，思虑伤心，心虚血耗，致耳鸣、耳聋、耳内生疮；鼻为心肺之门户，心主嗅，亦能使鼻知香臭，五气入鼻，藏于心肺，心肺受邪，而鼻为之不利。

6）胆与耳、鼻、咽喉的联系：足少阳经脉循耳后、耳中、耳前，胆经火热上炎，致耳痛、耳鸣；胆之经脉经气上通于脑，胆经火热上逆，则鼻流脓涕。

7）胃与耳、鼻、咽喉的联系：咽为胃系，助胃完成通利水谷和腐熟水谷，胃腑病变，胃气或胃火上逆则咽喉肿痛，哽哽不利。

《丹溪心法》："欲之其内，当以观乎外，诊于外者，斯以知其内，盖有诸内者，形诸外。"在长期医疗实践中，也不断发现许多全身性、系统性疾病，常具有特征性的局部表现。朱教授常讲：一切耳鼻咽喉疾病都不能和整体分离，中医非常强调整体辨证，进行整体辨证治疗。作为一个耳鼻咽喉科专业医师，在患者众多、复杂的局部临床症状表现中，除了要非常注意是不是单纯的耳鼻咽喉科疾病，也需要考虑是否有内科、骨伤科、甚至是妇科疾病。

2. 耳鼻咽喉与全身的关系

（1）全身因素对耳鼻咽喉的影响：当全身抵抗力降低，机体免疫状态低下时，细菌或者病毒就容易乘虚而入，破坏机体内环境的稳态，引起疾病。即中医所说的"邪之所凑，其气必虚"。急性鼻炎、急性咽炎、急性扁桃体炎等由于外感邪毒引起的疾病，都是由于身体过于疲劳，机体抵抗力下降而引发。如感冒、麻疹、猩红热等急性传染病的初起症状常表现为急性咽喉炎、急性鼻炎、急性中耳炎等耳、鼻、咽喉的局部症状。某些特殊性传染病，如梅毒、结核、麻风等，在耳、鼻、咽喉局部亦有特殊表现。梅毒二期

在咽部可有大小不等的灰白色或带浅蓝色圆形或椭圆形黏膜斑；三期在咽部可有溃疡或瘢痕，也可有鼻中隔穿孔。结核晚期在咽部可有溃疡或声嘶、声带或喉部黏膜溃疡。麻风可见耳廓肥厚、耳垂肥大、鼻梁下塌。又如内分泌失调时，耳、鼻、咽喉也会受到影响，特别是女性，可出现鼻腔黏膜萎缩性改变、倒经，妊娠期慢性鼻阻塞、鼻出血等。心血管疾病如高血压、血管硬化等均可影响末梢血液循环，在耳、鼻、咽喉可出现耳鸣耳聋、鼻出血等。

（2）耳鼻咽喉疾病对全身的影响：如发生在耳、鼻、咽喉的急性炎症，均可有不同程度的全身不适症状，如发热、出汗、食欲减退等。另人体内有20～30处可能成为慢性感染病灶的部位，慢性扁桃体炎、鼻窦炎、中耳炎等最应引起注意。这些感染病灶对风湿热、风湿性心脏病、肾炎、心肌炎等全身性疾病的发病有重要的意义。又如鼻、咽喉为呼吸系统的门户，喉阻塞、急性喉水肿、气管狭窄等，将直接影响气体交换而危及生命。再如某些耳鼻咽喉疾病反复发作时，常可对人的情绪或思考方面产生不良影响，特别明显的是慢性鼻窦炎会影响思考和记忆力。

因此，在诊疗过程中，朱教授对耳鼻咽喉科疾病的诊治立足于整体，结合局部。如外邪侵犯，疾病初起的热毒结聚，急性实证，治疗必须予以祛除外邪，清热解毒，进行全身治疗。对于病变日久，反复发作，出现正虚邪滞时，治疗时应予补虚扶正，清火为法，特别应注意肺、脾、肾三脏的滋补。譬如过敏性鼻炎，病变日久，反复发作，朱教授认为是肺、脾、肾不足，表卫不固，邪气滞留，治以补肺、脾、肾三脏为大法。萎缩性鼻炎，为肺经燥热，津液亏损；肾阴不足，虚火上灼；脾气虚弱，清阳不升，治疗总则为益肺养阴、滋肾降火、健脾升清。他将声音嘶哑的病因病理分为三类：一为外因，由于外感风邪侵袭引起；二为内因，主要是脏腑虚损所致；三为不内外因，如损伤脉络（手术）或气血痰浊结聚，压阻经络，经气失畅或大声疾呼、讴歌伤喉所致。中医认为肺为声音之门，肾为声音之根，心为声音之主，脾为宗气之源，声音出于脏气，凡脏实则声洪，脏虚则声怯，凡五脏之病皆能为喑。因此，治疗声音嘶哑，需抓住肺、肾、心、脾四脏为主。分泌性中耳炎，病变日久，反复发作，中耳积液，为脾虚湿浊滞留耳窍，治疗以健脾化湿通窍为法。梅核气、咽异感证，因七情不舒，肝气郁结所致，治疗须疏肝理气，开郁散结。又如对于暴聋，朱教授认为在辨证时应注意发病的进程、邪正变化，提出早期祛邪，解毒通窍；中期通滞，祛瘀复聪；病久扶正，攻补兼施。对以上这些立论，应用于临床，都源于朱教授精通中医基本理论，不忘中医治病精髓——辨证论治，整体观念，熟练掌握，灵活运用，充分发挥其治疗特长。

（三）内治与外治结合

耳、鼻、咽喉为黏膜所覆盖，而且与外界相通，对药物吸收力较强，故外治法在耳鼻咽喉科疾病的治疗中有较好的疗效。朱祥成教授对于耳鼻咽喉科疾病的治疗，强调整体辨证，但亦不忘其局部变化，他遵循古训"形体及九窍有形之病，实有邪气凝结之处……必用外治之法"。对于耳、鼻、咽喉局部的形态、色泽各种变化，进行寒热虚实辨证，为整体辨证提供重要内容及依据，做出正确诊断，从而立法处方。同时注重局部外治，通过对局部外治达到整体治疗的效果，又达到控制或减轻局部症状的效果。外治方法可补助内治法的不足，整体调治结合局部外治而迅速取效。同样的，他对这些局部外治也都立足于整体辨证论治观。

常用外治法：①吹药法：将中药研制成极细的粉末，喷入咽喉部、口腔、鼻腔、耳内，达到治疗目的。②滴药法：将所有的药物研制成药液（制成适当浓度的水剂、乳剂、油剂）直接滴入耳内、鼻内或喷入咽喉。滴药法在耳鼻疾病中应用最多。临床常用呋麻滴鼻液、氧氟沙星滴耳液、金喉健喷雾剂等。③塞药法：为我国历代医家治疗鼻病、耳病常用法。把所用的药物制成大小适宜的丸剂，以绵裹之塞于鼻内或耳内，定时更换。④含服法：将药物制成丸剂或片剂，含于口中，另其慢慢融化，使药物较长时间浸润于咽喉患处，起到治疗作用。临床常用清咽滴丸等。⑤含漱法：将药液漱涤口腔咽喉，起到清洁患部及清热解毒作用，如各种漱口液。⑥蒸气吸入法或雾化吸入法：根据病情选用适当的药物，煎煮时将其蒸气吸入口腔、咽喉，达到治疗目的，适用于一般慢性咽喉疾病；或可将药液超声雾化吸入口腔咽喉，是临床常用的方法之一。⑦烟熏或擤鼻法：将药烟或气味熏入或嗅入鼻内，从而治疗鼻病或咽喉病。如牙关紧闭的实证咽喉病，古代将巴豆压油于纸上，取油纸抬成条，用火点燃，吹熄，以烟熏入鼻中，牙关自开。将气味嗅入鼻内如薄荷绽，以神清脑清。⑧清洁法：用于耳内的清洁外耳道的一种方法，洗涤患处，去除腐物或脓液，达到治疗目的，如过氧化氢、碳酸氢钠洗耳。⑨外敷法：常用于耳鼻咽喉疾病而致外部红肿者。如金黄散外敷，有清热消肿作用。⑩穿刺排脓法：用于耳鼻咽喉疾病脓肿形成时。使用方法如咽喉痈切开、脓耳切排、分泌性中耳炎鼓膜穿刺、鼻腔上颌窦穿刺。⑪烙法：

用烙铁烧烙患处达到治疗目的的方法，多用于咽喉病虚火乳蛾和石蛾。用不同形状的烙铁，在酒精灯上加热后蘸上香油，迅速烙于喉核上，以去除病变组织。⑫冷冻法：用液氮冻于下鼻甲或咽喉壁淋巴滤泡，或鼻中隔出血点，达到治疗目的。

（四）药物与心理结合

朱教授在临诊时非常注重患者的情绪变化。中医理论的情志简称七情或五志，指喜、怒、忧、思、悲、恐、惊等情绪变化。正常的情志活动可调达脏气，助正抗邪。《灵枢·口问》曰："夫百病之所生者，皆生于风雨寒暑，阴阳喜怒，饮食居处"，可见，情志也是重要的致病因素之一。祖国医学认为情志以脏腑气血为物质基础，七情病证多从内而发，可直接影响机体内环境的稳定性，使气机紊乱，脏腑功能失常，由于心调控人的情志，肝舒畅人的情志，脾胃调衡人的情志，因此，情志病变主要损伤肝、脾、心，其病机变化主要是气机紊乱。又思为脾所主，脾居中属土，为五脏六腑气血生化之源、气机升降之枢纽。故情志所伤虽先伤所藏之脏，但终必及于脾胃，影响脾之运化、胃之受纳，最终导致气血化生障碍，运行输布失常，致瘀血、痰火、气血津液、精髓亏损等继发病证。即《素问·举痛论》中概括的："怒则气上，喜则气缓，悲则气消，恐则气下……惊则气乱……思则气结"，这也是历代医家所重视的一个重要内容。

朱教授常强调中医治疗耳鼻咽喉科疾病，与其他各科一样，也常可遇见由于患者情志异常变化而伤及脏腑的情况。脏腑气机升降失调，气血功能紊乱，出现在耳、鼻、咽喉部如有物梗阻、脑鸣耳聋、鼻部出血、声音改变等。如情绪激动，郁闷不舒，久之则肝气郁结，气机厥逆而致气厥暴聋，亦可气郁痰凝而致咽喉哽哽不利，状如梅核。或如肝郁气滞而致肝郁失音，即情志瘖，临床所见为患者突发失音，局部检查咽喉部无明显异常，仅为发音困难呈气息音。《景岳全书·杂病谟·声喑》曰："忧思积虑久而致瘖者，心之病也""惊恐愤郁卒然致瘖者，肝之病也""凡大惊大恐卒然致瘖者，肝胆有伤也"。故在调治中对性情急躁者，务使其精神愉快，宣畅气机，消除对患者的精神刺激，态度体贴和蔼，同情疾苦，解除精神顾虑，使其安心治疗。临床常见病耳鸣耳聋，亦与情志关系非常密切，情志变化可直接引起耳鸣耳聋，并可加重其症状变化。《素问·六元正纪大论》曰："木郁之发，甚则耳鸣旋转。"《证治准绳·杂病》曰："气逆耳聋有三……肝气逆。则头痛，耳聋不聪，颊肿。"《医贯》云："若怒便聋或鸣者，属胆经气实。"因此，朱教授在临床为患者遣方用药时，每每都要疏导耳聋耳鸣患者，心理要放松，不能紧张，不要时刻注意耳鸣，可以听轻音乐缓解紧张情绪。对咽喉有异物感的患者，一定要给予详细检查，消除患者疑虑，取得患者的信任，以提高疗效。又如鼻出血，轻者仅涕中带血，可自止；重者则出血不止，甚者危及生命，患者常常惊恐不已，有时也与情志有关。当发病急，出血量大时，患者多有恐惧、焦虑心理，中医强调肝喜条达，若情志过激，则肝失疏泄，郁结化火，肝火上炎，迫血妄行，从而使鼻出血反复发作，难以制止，尤以高血压患者更甚。故对这类患者更要着重进行情志调护，加强心理疏导，向患者讲解七情致病之理，使其了解情志异常对疾病发生、发展、转归的影响。根据患者不同的心理特征，选用分析、支持、矫正、暗示等疏导手段，使他们能在情志上做自我调节和控制，情绪得以稳定，舒展心胸，以扶益正气，平降肝火，和畅气血，以利止血，促进康复。再如眩晕患者，常因情绪激动而诱发或加重病情，尤其是肝阳上亢型。《素问·至真要大论》曰："诸风掉眩，皆属于肝""厥阴之胜，耳鸣头眩，愦愦欲吐"。因此，朱教授非常注重患者的情志心态。一方面劝说患者少生气动怒，常保持心情舒畅，精神愉快，要学会自我调控，如采用升华法、转移法等，培养豁达、开朗、宽容的性格，有助于患者调节情绪。另一方面，取得其家属配合，避免外来一切不良情绪刺激，以免七情内伤，加重病情。《景岳全书》有云："情志之郁，因郁而病。"《医醇賸义》亦云："气得疏通，郁于何有?"可见，只有精神愉快，心情舒畅，气机通利，脏腑调和，才有利于身体健康，不易发生疾病；也可通过自身精神情绪的调节，促使病体康复。因此，朱教授在根据患者症状进行全身辨证治疗用药的同时，一方面给患者做认真而详细、合理的检查，确实排除器质性病变；另一方面给患者耐心、详细介绍情志因素对于某些疾病的影响，去除患者不必要的思想疑虑，这样才能收到事半功倍的效果。

（五）治疗与饮食结合

朱教授临证中的另一个特点就是非常重视药物疗法和饮食疗法相结合，在处方用药时，结合饮食宜忌。朱教授认为，耳鼻咽喉虽然是局部的器官，与整体有着密切的关联，是整体不可分割的一部分。中医认为耳、鼻、咽喉上居头面，为头面的孔窍，是清阳交会之处，故称"清空之窍"。肺气通于

浙江中医临床名家·朱祥成

鼻，肾气通于耳，咽喉为水谷之道路，为肺胃所系，谓吐故纳新之"关嗌"之说。所以，耳、鼻、咽喉之病变可以波及五脏六腑，而脏腑的病变亦常反映于耳、鼻、咽喉。且耳、鼻、咽喉与外界接触，内通脏腑，一旦外邪侵袭，耳、鼻、咽喉首当其冲，而脏腑失调，病症亦反映于此。为此，耳鼻咽喉疾病饮食宜忌，在临床中亦相当重要。饮食疗法是我们祖先数千年来和疾病作斗争的经验积累。相传在商代，伊尹善于烹调，烹调所用的某些原料，如姜、桂之类，既可以调味，又可做药用，后又可以用他所烹调的食物来治病，由此创造了治疗的汤液。同时，饮食疗法更是一门科学，是现代医疗综合疗法中不可缺少的部分，人类与自然界斗争，不断战胜自然和改造自然，也不断寻找和选择食物，改善饮食，提高健康水平。因此，食物是机体与周围环境最重要的联系手段，对五脏六腑及机体生长发育有着深刻的影响。日常摄入的饮食水谷如果不符合机体需要就会扰乱机体正常功能而产生疾病。在疾病情况下某些食物的摄入会对病体产生有益的影响，而另一些食物则会有害于病体，使病情加重。《素问·五脏生成》有曰："多食咸，则脉凝泣而变色；多食苦，则皮稿而毛拔；多食辛，则筋急而爪枯；多食酸，则肉胝而唇揭；多食甘，则骨痛而发落。"此谓五味之所伤，所以说饮食疗法是一门科学，是医疗综合疗法中不可缺少的部分。故朱教授在临床中相对注重耳鼻咽喉疾病患者饮食宜忌。

食物本身亦有性味偏胜，根据食物的偏性来调整人体气血阴阳，使其阴平阳秘。食物的性味和药物一样，亦具有四气五味、寒热温凉、辛甘酸咸苦。"寒者热之""热者寒之""温者清之""凉者温之"的治则同样适用于食疗。如发热时食用西瓜、梨或荸荠等，可清热解渴，这类食物属寒凉性。阳虚怕冷的人，食用羊肉、狗肉、桂、姜之类，可温中补虚，温邪散寒，这类食物属温热性。

不同性味的食物其治疗作用也不同，辛味，行气、行血、发散，如姜、葱、辣椒、胡椒等。甘味，和中缓急、补益，如蜂蜜、饴糖、大枣、柿饼等。酸味，收敛生津、固涩，如乌梅、青果、山楂等。苦味，宣泄、燥湿，如杏仁、苦瓜、莴苣、芹菜、马兰头等。咸味，软坚散结，如海带、海藻、苔菜、海蜇等。

朱教授将饮食疗法归纳为三大特点：预防为主、辨证配膳、三因制宜。

（1）预防为主：朱教授认为"圣人不治已病，治未病，不治已乱，治未乱"。这种防患于未然的预防思想，不仅贯彻运用在一般医疗方法防治疾病，消除各种致病因素方面，也充分体现在饮食治病方面。如《素问·痹论》中指出："饮食自倍，肠胃乃伤。"《备急千金要方》亦说："不知食宜者，不足以存生也。"不注意饮食，可发生疾病，因此在日常生活中必须要"食能以时""味不重珍""凡食，无强厚味，无以烈味重酒"，这样才能身无灾害，保持健康。《备急千金要方·食治》也明确指出："食能排邪而安脏腑，悦神爽志，以资气血。若能用食平疴释情遗疾者，可谓良工"，说明只有善于应用饮食营养来治疗疾病，调理病情，以保护人体健康的医生，才能称得上是高明的医生。

（2）辨证配膳：可分为寒热虚实辨证和脏腑辨证。朱教授还强调饮食疗法亦要辨证配膳，多种疾病都有其饮食宜忌，正如《金匮要略·禽兽鱼虫禁忌并治》中指出："所食之味，有与病相宜，有与身为害，若得宜则益体，害则成疾。"

1）寒热虚实辨证：根据疾病的阴阳虚实寒热的不同情况，分别给予不同的饮食治疗。如对虚证，要给予补养食物。阳虚则予羊肉、狗肉、桂、姜类等甘温益气之品；阴虚则予甲鱼、乌龟、黑鱼、白木耳、杞子类等补益精血之品；阴虚火旺则予西洋参、莲子、黑木耳类等滋阴清补之品。对实证，病由热邪而起，要食西瓜、鲜藕等清凉类食物；病由寒邪引起，要食干姜、生葱白等温热发散类食物。如在耳鼻咽喉疾病中，实热病证多属火热邪毒上蒸，如急性脓耳、实证鼻渊、风热乳蛾、风热喉痹、喉痈、胃火牙痛、牙痛等，禁忌温补辛散助火之品及发食，如牛肉、羊肉、狗肉、鸡、鹅、榨菜、辣椒、酒类、大蒜、韭菜、鱼腥等，宜食清凉降火之品，如萝卜、丝瓜、苦菜、苦瓜、苋菜、绿豆芽、茨菇、马兰头等，水果类宜甘梨、西瓜、橄榄、生萝卜、藕粉、藕节等。虚寒病证多属虚火上炎或阴精不足，邪毒结聚，如喉痛、会厌痈等，禁忌食用鱼腥、虾、蟹、辛辣、竹笋、南瓜、羊肉、狗肉、酒等，以免引毒走窜或加重毒发，宜用清淡解毒之品，如马兰头、茨菇、荸荠、菱角、莲心等。

2）脏腑辨证：即病邪所属脏腑的辨证，根据《黄帝内经》理论，脏腑虚实辨证，指导患者饮食方法，达到健康治病的目的。如《灵枢·五味》指出："脾病者，宜食秔米饭牛肉枣葵。心病者，宜食麦羊肉杏薤。肾病者，宜食大豆黄卷猪肉栗藿。肝病者，宜食麻犬肉李韭。肺病者，宜食黄黍鸡肉桃葱。"《素问·脏气法时论》亦说："肝色青，宜食甘，粳米、牛肉、枣、葵皆甘。心色赤，宜食酸，小豆、犬肉、李、韭皆酸。肺色白，宜食

苦，麦、羊肉、杏、薤皆苦。脾色黄，宜食咸，大豆、豕肉、栗、藿皆咸。肾色黑，宜食辛，黄黍、鸡肉、桃、葱皆辛……五谷为养，五果为助，五畜为益，五菜为充，气味合而服之，以补精益气，此五者有辛酸甘苦咸，各有所利，或散或收，或缓或急，或坚或软，四时五脏，病随五味所宜也。"如在耳鼻咽喉疾病中，肾虚耳鸣、眩晕、阴虚喉痹、虚火乳蛾、虚证脓耳等疾病，忌芥菜、茭笋、冰水冷饮等生冷寒凉之品。若脾虚者，宜食白扁豆、山药、莲肉、大枣、桂园等。若肺虚者，宜食西洋参、百合、白木耳、甲鱼等。若肾虚者，宜食核桃肉、黑芝麻、芡实、黑木耳、杞子等。另朱教授指出在《黄帝内经》中叙述以五行生克理论为基础的脏腑饮食宜忌的原则，也值得重视和研究。

（3）三因制宜：朱教授认为人是一个统一的整体，虽有五脏六腑和开窍于外的目、舌、口、鼻、耳，但在经络的联系下，形成了一个完整的机体。人体各个组成部分之间，在结构上是不可分割的，在生理上是相互联系、相互支持又相互制约的，在病理上也是相互影响的。人体与自然界亦是如此，人生活在自然界中，自然界中存在着人类赖以生存的必要条件，自然界的变化可以直接或间接地影响机体，机体则会随之发生相应的生理或病理变化。如《灵枢·五癃津液别》中说："天暑衣厚则腠理升，故汗出……天寒则腠理闭，气温不行，水下流胶月光，则为溺与气。"正是由于人体本身的统一性及人与自然之间存在着既对立又统一的关系，所以在进行食疗时必须充分考虑，要因人、因时、因地不同而灵活运用不同的食疗方法。如老人，大多宜温热熟饮，忌黏硬生冷之品，宜进平补下元之物。体胖之人多痰湿，适宜多吃清淡化痰利湿食物。体瘦之人多阴虚，适宜多食滋阴生津的食物。

我国地域广阔，自然条件不同，饮食习惯也不同，食疗也因地域不同而异，如北方一年四季以大葱为食，四川、湖南、江西常以辛辣为调味，广东常以枸杞叶及其他清凉之品作汤料。不同的季节气候，饮食宜忌亦不同，如春为万物生发之始，春天阳气发越，此时不宜或过食油腻、辛辣之物，以免助阳外泄，应多食清淡之菜蔬、豆类等。夏季气候炎热，多暑热夹湿，脾胃常受其困，此时饮食以甘寒、清淡、少油为宜，可常服绿豆汤、荷叶粥、西瓜等解暑清凉。秋季万物收敛，凉风初长，燥气袭人或霜露乍降，早晚易受冷引起咳嗽痰喘、口鼻干燥出血等，此时可多食萝卜、杏仁、杏仁粥、米仁粥、百合汤等，以清肺降气化痰。冬季天寒地冻，万物伏藏，最易感受寒邪，阳气易散，此时宜食牛羊肉、狗肉等温热食物，亦可进补如参、阿胶等大补药。又如每年冬季，常以萝卜作菜蔬，能预防咽喉病发作。因萝卜辛甘微寒，为清火化痰之佳品。另一切炙煎炒、膏粱厚味，均能生痰助火，最易引起咽喉病，不宜多食。辛热之物多能耗津伤液，资助邪火，上蒸咽喉耳鼻，如烟酒之物，宜禁食或少食。

二、以通为用理念与耳鼻咽喉科临床实践

"以通为用"，"通"即通达、相通、通畅。《素问·生气通天论》曰："皆通乎天气。"《素问·阴阳应象大论》曰："天气通于肺，地气通于嗌，风气通于肝，雷气通于心，谷气通于脾。""通"亦可表示为一种治疗方法，是具有宣痹、行滞、祛瘀、攻下等作用的治法，如通经、通阳、通脉、通络、通血脉、通窍、通乳、通便、疏通等。《论语·学而》曰："礼之用，和为贵。"李东垣在《脾胃论·五脏之气交变论》中说："鼻乃肺之窍……其闻香臭者，用也。""用"的含义可以作功用、作用来解释。

耳鼻咽喉疾病治疗同其他各科一样，辨证求因，审因施治。导致耳鼻咽喉病变，不外脏腑虚损，外邪侵袭，其病理结果常为脏腑孔窍气滞、血瘀、痰浊、郁结等变化，脏腑孔窍通畅受阻，形成耳鼻咽喉病变。朱教授通过长期的中医耳鼻咽喉科临床实践，不断积累一些经验，得到一些体会，现分述如下。

（一）古训启发

《灵枢·邪气脏腑病形》说："十二经脉，三百六十五络，其血气皆上于面而走空窍。"《灵枢·脉度》说："肾气通于耳，肾和则耳能五音矣。肺气通于鼻，肺和则鼻能知香息矣。"《素问·玉机真脏论》说："脾为弧脏……其不及，则令人九窍不通。"人体是一个有机整体，这种整体的统一性以五脏为中心，通过经络的联系，把六腑、五体、五官、四肢百骸等全身组织联系成有机的整体，并通过精、气、血的作用来完成统一的功能活动。耳、鼻、咽喉作为人体的局部器官，是整体的一个组成部分，其正常生理功能的发挥有赖于各脏腑组织的正常。耳鼻咽喉具有整体生命活动的全部信息，是人体生命信息的表达部位。经脉、脏腑、气血、精液调和通达，则耳鼻咽喉功能健旺。

（二）病机探求

耳鼻咽喉各种不同的病理变化，也可能是脏腑经络中某一环节的功能失调所引起的。耳鼻咽喉科疾病，不外脏腑虚损，外邪侵袭，其病因大多为六淫、痰饮、瘀血、七情所伤及肺胃肝胆脏腑失调，内外合邪，上扰清窍，使气血壅滞窍道，其病理结果常为脏腑空窍气滞、血瘀、痰浊、郁结等变化，其病机主要是浊邪害清，窍机壅塞。各种病邪袭滞于耳鼻咽喉诸窍，而致形成耳鼻咽喉病变，使清窍气机壅塞，致耳聋不能听、鼻窒不能嗅、咽痹不能通、喉喑不能声。

人体正气暂虚，清阳升发无力，诸窍防御能力下降，《素问·经脉别论》中论述颇详："饮食入胃，游溢精气，上输于脾，脾气散精，上归于肺，通调水道，下输膀胱，水津四布，五经并行。"根据《黄帝内经》升清理论，升发清阳应以"脾气散精"，升发清阳为主，以保证五脏之气旺盛，气血津液化生有源，充分保证了耳鼻咽喉诸清窍功能活动所需的精微物质。同时肺的宣发与肃降、三焦和肾阳的蒸腾气化、肝的疏泄气机均参与了升清的过程，只有上述脏腑功能正常协调，使清者上升，耳鼻咽喉诸窍得以温养，窍机灵动而功能正常，才可发挥其呼吸、发声、视觉、听觉、味觉、嗅觉等功能和作用，故"清阳不升，窍失清灵"是耳鼻咽喉科疾病虚证的基本病机。所谓"清阳不升，窍失清灵"是由于久病耗损，内伤七情，劳伤脏腑，气机失序，气血津液精微不足，不能上达诸窍，窍失温养，致使病理性代谢产物——浊阴不降反而壅塞清窍，蒙蔽清阳，使清窍灵机壅滞不畅而出现听觉、平衡、呼吸、嗅觉、吞咽、发声、共鸣等方面的功能长期减弱或障碍的病理变化。这些病理都表现为通达失利致耳鼻咽喉病变。

（三）临床实践

（1）耳

1）耳胀、耳闭病：耳内胀闷，自感耳内有回声，听力减退。《诸病源候论》曰："风入耳之经脉，使经气痞塞不宣。"《医学读书记·耳聋治肺》谓："肺经风热、痰涎、闭郁之症，肺之络于耳中，其气不通，故令耳聋。"《续医述》说："夫人之气道，贵乎清顺，顺则津液流通，何痰之有，若气与津液一时稍滞，则隧道不通，凝而为痰为饮。"耳胀、耳闭是气机不调，经脉痞塞所致，因此在治疗中要十分重视调理气机，在方药中往往配用行气通窍之品。

2）耳聋：脏腑脉络气血上走耳窍则耳聪，《古今医统》提出："聋证有六候，有气聋、热聋、风聋、厥聋、劳聋、阴聋""耳聋证，乃气道不通，痰火郁结，壅塞而成聋也"。《景岳全书》称耳聋为"闭"，其证有五：火闭、气闭、邪闭、窍闭、虚闭。《圣济总录》说："气窍相通……若心肾气虚，精髓失守，气不宣通，内外窒塞，斯有聋聩之疾。"《脾胃论》又说："脾胃既为阴火所乘，谷气闭塞而下流，即清气不升，九窍为之不利。"《医林改错》曰："两耳通脑，所听之声归于脑……耳窍通脑之道路中，若有阻滞，故耳实聋。"这里指出气、热、风、火、清气不升、精髓失守、阻滞（瘀血），皆可使气窍不通而壅塞，耳聋失聪。

（2）鼻：鼻阻塞是临床多种鼻部疾病引起的一种常见的局部症状，鼻属清阳之窍，喜清而恶浊，喜温而恶寒，其窍宜通不宜塞，宜出气不宜出血，以通为用。同时必须脏腑精气充足，气血调和，鼻窍康健而发挥功能；反之则为害矣。

鼻居面中，是清气出入之道，且有生发清气之能，故《医学入门》说："鼻乃清气出入之道，清气者，鼻中生发之气也。"《三因极一病证方论》说："鼻为肺之间阖，吸引五臭，卫养五脏，升降阴阳，故鼻为清气道。"因鼻属清窍，气清则鼻清，鼻道通利，气息条畅，嗅觉灵敏，功能正常。清窍喜清而恶浊，浊则鼻窍壅塞，气息不畅，鼻病由生。正如《医林绳墨》所说："鼻者，肺之窍，喜清而恶浊也。盖浊气出于下，清气升于上，然而清浊不分，则窍隙有所闭塞者焉，为痈、为痔、为衄、为涕、诸症之所由也。"《慎斋遗书》也认为"其在人身，清阳之气，则流行于五脏六腑之空窍而无所滞凝……清气不行，则邪浊之气，得充塞于空窍之际而为害。"

又鼻属阳中之窍，且督脉终至于鼻，其脉总督一身之阳，故鼻受阳气最厚，其窍内阳气充盛，卫气敷布丰盈，而有升发清气之能，鼻窍阳盛清盈，气血运行至此，则鼻阳为之温煦，清气为之清化，使气血变为至清，以荣养鼻面，鼻面得清气、清血之温养，则鼻光润荣泽，御寒耐热，鼻窍通利，发挥正常生理功能。若各种因素如外邪入侵、脏腑不足等，影响鼻内阳气通达敷布，皆能发生鼻病，鼻窍壅塞。又鼻内必须血脉通利，鼻为一身血脉多聚之处，血脉丰实，血液充盛，循经运行窍内，润泽肌膜，净化清新，御敌祛邪。《血证论》说："鼻为肺窍……以司呼吸，乃清虚之道，与天地相通之门户，宜通不宜塞，宜息不宜喘，宜出气不宜出血者也。"由于多种因素或外感邪毒，久留不去，脉络阻滞，血脉不利，气血瘀阻；或久病不愈，气血

运行不畅，气滞血瘀，鼻窍脉络受阻，鼻窍窒塞。因此，血脉通利与否，对鼻窍功能发挥有直接影响。

（3）咽喉：《素问·阴阳别论》中说："一阴一阳结，谓之喉痹，痹者闭也。"王冰注释说："一阴谓心主之脉，一阳谓三焦之脉，三焦、心主，脉并络喉，气热结，故为喉痹。"《素问·至真要大论》云："太阴之胜，火气内郁……喉痹。"从"痹者闭也"的理论，其病变常有邪滞、气结、血瘀、痰凝等，不通则痛，咽喉部症状不同表现。

（四）通利运用

耳、鼻、咽喉为清空之窍，临床上常因外邪侵袭，脏腑功能失调而产生邪毒、痰浊、瘀血、气郁闭塞空窍等病理变化，故治疗耳鼻咽喉疾病在运用常规治法的同时，还应注意运用和配合通利疏达空窍的方法。用具有轻清、辛散、芳香、行气、升清、化浊、祛瘀的药物，治疗清窍闭塞的病症，使透邪外出，疏畅气机，清除壅滞，从而达到耳鼻咽喉诸窍通利的目的。临床常用的通利诸窍方法有祛风通窍、化浊通窍、利湿通窍、升阳通窍、行气通窍、化瘀通窍、通经活络等。

（1）祛风通窍类：利于宣发肺气，引药上行，通利清窍。因邪毒壅滞于清窍，症见耳堵塞感、耳鸣、耳聋、鼻塞、嗅觉不灵等。常用药如辛夷花、苍耳子、白芷、细辛、石菖蒲、鹅不食草、薄荷、藿香、蔓荆子、蝉衣等药。代表方如苍耳子散。

（2）化浊通窍类：用气味芳香，具有化湿作用的药物，以宣化湿浊，辛散辟秽，疏通壅滞，以达到通窍的作用。若湿浊内阻中焦，脾为湿困，运化失职，升清无权，湿浊之邪上犯清窍，症见耳流脓缠绵不愈，鼻流浊涕不止，眩晕，呕恶等，常用药如藿香、佩兰、砂仁、豆蔻、石菖蒲、苍术等。

（3）利湿通窍类

1）清热利湿：由于湿热蕴结，鼻部皮肤湿烂、潮红、流黄水，或耳部流黄脓。用清热利湿药物，而达到湿化窍通的目的。常用药物如车前子、木通、地肤子、土茯苓、萆薢等。代表方如萆薢渗湿汤。

2）健脾利湿：由于脾虚湿困，湿浊内停，如耳流脓清稀，鼻塞，鼻黏膜肿胀、色淡，鼻涕黏白，或声带水肿，或眩晕呕恶。常用药如茯苓、猪苓、薏苡仁、泽泻等健脾利湿。代表方如五苓散、参苓白术散。

（4）升阳通窍类：因于肺脾气虚，清阳不升，浊阴滞留，上干清窍，症见耳内胀闷堵塞感、眩晕、喷嚏频作、清涕难止等。常用药如柴胡、升麻、葛根等，常配合人参、黄芪、白术等补气药同用。代表方如补中益气汤。

（5）行气通窍类：因情志不调，肝气郁结，气机不畅所致耳鼻咽喉病症。如邪壅耳窍，清阳之气不能上通，出现耳内胀闷、耳鸣耳聋，或因肝郁气滞出现咽喉哽哽不利，喉暗声嘶等。常用药如青皮、陈皮、香附、木香、厚朴、佛手、绿梅花、枳壳、苏梗等。代表方如半夏厚朴汤、逍遥散。

（6）化瘀通窍类：因于气滞血瘀闭阻清窍，如鼻阻塞鼻甲肥大，或鼻甲萎缩鼻内干燥结痂，或声音嘶哑，声带小结，息肉生长，耳聋耳鸣久治不愈等。治宜活血祛瘀、通滞清窍。常用药如川芎、桃仁、红花、赤芍、丹参、丹皮、茜草、泽兰、红景天等。代表方如活血通窍汤、血府逐瘀汤。

（7）通经活络类：因于各种因素引起耳鼻咽喉经脉失调，阻痹脉络，表现为肿胀疼痛，清窍闭塞，窍用失灵。在各法治疗中可加入通经活络药，常用药如忍冬藤、丝瓜络、路路通、土牛膝等。

三、补肾法在耳鼻咽喉科疾病中的运用

朱教授认为"肾为先天之本"，有肾阴肾阳之分，肾阴肾阳即人体的元阴元阳，是人体物质和功能的基础，也是抵抗病邪侵犯的根本，肾阴阳不足和失调，是常见的病理变化之一。近代根据肾阴肾阳的理论，从调补肾阴肾阳着手，在内科、骨伤科和妇科等多种疾病的治疗方面，都获得了很好的效果。耳、鼻、咽喉是整个机体的组成部分，从生理到病理亦无不与肾有关，因此，探讨补肾法在本科疾病方面的运用，具有一定意义，以下就几个方面加以叙述。

（一）耳鼻咽喉科疾病的致病机制

肾的主要生理功能是藏精、主水、纳气。肾藏精，精能化气，肾精所化之气为肾气，肾气是由肾阳蒸化肾阴而产生，肾阴肾阳又都以肾所藏的精为物质基础。肾阴又称元阴、真阴，是人体阴液的根本，对各脏腑组织起着濡润、滋养作用；肾阳又称元阳、真阳，是人体阳气的根本，对各脏腑组织起着温煦、生化作用。耳鼻咽喉经过经脉的联系，直接与肾相联，若肾阴阳不足或失调，即可产生病变。

浙江中医临床名家·朱祥成

肾为气之根，主摄纳。肾虚则纳气功能失职，气多散泄，可致喷嚏频频，鼻流清涕。《黄帝内经》有"肾主嚏""肾为欠为嚏"之说。又肾气虚，无以鼓动声门发音，可出现声低、嘶哑、失音等。

肾者水脏，主津液。津液通过脏腑的转输，布散于体表，能滋润皮毛肌肤；进入体内，能滋润脏腑；输注于孔窍，能滋润眼、鼻、口、咽喉。若肾阴不足则孔窍失于滋养，出现鼻干涕少、口舌干燥、咽喉不适、异物感或灼热疼痛、口疮等。若肾气虚，气化失职，则水湿内停或泛津为痰，亦可致病。

肾开窍于耳、藏五脏六腑之精气，若肾精亏损，髓海不足，则可脑转耳鸣，听力下降或耳聋；反之，耳鼻咽喉科的某些疾病，特别是久病或后期，也往往影响到肾，故《景岳全书》有"五脏之伤，穷必及肾"的说法。

（二）肾阴虚和肾阳虚在耳鼻咽喉科疾病中的临床表现

肾阴虚和肾阳虚在耳鼻咽喉科疾病中的临床表现，绝大部分为慢性虚性疾病，其特点为病程较长，或时好时坏，反复发作。临诊时，除辨别局部症状外，还必须结合全身症状，舌苔脉象，以辨明肾阴虚或肾阳虚，以指导临床用药。

（1）肾阴虚

局部症状：鼻内干燥，出血或反复鼻出血，血色鲜红，量不多，时出时止。或牙龈浮动隐痛，咽喉不适，刺痛异物感，声音嘶哑或失音，咽喉部微红，淋巴滤泡增生，扁桃体潮红。或黏膜溃烂，口疮。或耳鸣，耳聋，眩晕，耳内间歇或持续流脓，脓液较清稀，微痛或不痛等。

全身症状：五心烦热，或面红，头晕目眩，盗汗，失眠，腰膝酸软。或有遗精早泄，苔少舌红少津，或裂而剥，脉沉细数。

（2）肾阳虚

局部症状：鼻流清涕，喷嚏频频，反复发作，常年不愈。鼻黏膜色淡白，或咽喉微痛，面色苍白，讲话声低气短。咽喉黏膜色淡无红肿。或有耳鸣，耳聋，听觉不灵等。

全身症状：形寒肢冷，面色苍白，或畏风自汗，气短懒言，小便清长，大便溏泄，或有阳痿滑精，舌淡胖嫩而润，边有齿印，脉沉迟无力。

（三）补肾法在几种常见耳鼻咽喉科疾病中的运用

（1）萎缩性鼻炎：是一种发展缓慢的鼻腔萎缩性炎症病变，中医根据鼻干燥、出血、不闻香臭、鼻内发臭等症状，称为"臭鼻症""鼻干症"等，乃肺燥阴虚，津液枯涸，不能上举，鼻失所养所致，治疗大多采用清肺润燥、养阴生津之法，方如清燥救肺汤、养阴清肺汤等。但在临床治疗中，有的往往长期不愈，可考虑从补益肾阴着手。肾脉上连于肺，肾阴为一身阴液的根本，肾阴不足，鼻失滋养而萎缩失用，同时，肾阴不足可损及肺阴，津液枯干，亦致鼻失滋养而萎缩，方用百合固金汤或六味地黄丸加减。

（2）过敏性鼻炎：为身体对某些过敏原（变态反应原）敏感性增高而呈现鼻腔黏膜病变的一种异常反应，属中医的"鼻鼽"范畴，主症为鼻出清涕，喷嚏频频，反复发作。初起多认为乃肺气虚弱，卫表不固，腠理疏松，风寒乘虚而入，停聚鼻窍所致。症状愈发愈频，畏寒怕冷，腰膝酸软，小便清长，清涕长流，喷嚏不止，舌淡，脉沉细而弱，表现为肾不纳气，摄纳无权，阳气耗散。治疗则用补肾纳气法，方用桂附八味丸或右归丸加减。李东垣用温肾暖脾的吴茱萸丸（吴茱萸、神曲、白术、肉桂、干姜、川椒）来治疗善嚏、鼻流清涕，《证治要诀》则用黑锡丹来治疗，均可参考。《医学入门》亦采用补肾法来治疗长期不愈的鼻流清涕患者，指出："久则宜养血补肾为要，凡鼻涕鼽渊，鼽久甚不愈，非心血亏则肾水少，养血则血生，而火自降，补肾则水升而金自清"。近年来国内在预防免疫方面的实验中，也明确证明治肾药物有增强体内抗体免疫预防的作用。

（3）慢性鼻窦炎：属中医"鼻渊""脑漏"范畴，证属虚寒，以肺脾气虚为主。肺虚易为邪侵，津液不得清化，停聚鼻窦而为病；脾虚运化失职，湿浊内聚，以致毒邪滞留不散，困于鼻窦之内。治用温肺止流丹（党参、荆芥、细辛、诃子、甘草、桔梗、鱼脑石）、参苓白术散等。《外科正宗》和《景岳全书》提出可用补中益气汤、六味地黄丸、十全大补汤等治疗。如临床见长期不愈，肺气久虚伤及肾气或脾虚及肾，可采用肺肾同治或脾肾两顾的法则。朱教授在临床中发现用缩泉丸（乌药、山药、益智仁，加金樱子、白芷、苍耳子、辛夷）治疗本病有一定效果。亦可用右归丸加减化裁，加忍冬藤、黄芪、桔梗、皂角刺托毒排脓，鱼腥草、生苡仁渗湿解毒，藿香、白芷、石菖蒲通窍等。

（4）慢性咽炎、喉炎：中医称"阴虚喉痹""咽痛""失音"等，多因脏腑虚损，气血阴阳失调而成，与肺、脾、肝、肾特别是与肾关系密切，肾藏精为阴液的根本，肾纳气为声音之根，足少阴肾经入喉咙、挟舌本。临床上用清热解毒、滋阴等疗效不著，或用苦寒之剂症见加重时，则应详察脉

证，是否病及于肾。

若肾阴不足，虚火上炎，则见咽部长期不适，干燥微痛，颧红唇赤，手足心热，神疲腰酸，头晕失眠，或声音嘶哑，讲话低沉费力。局部呈慢性充血，咽后壁淋巴滤泡增生，色暗红，声带微红、边缘增厚，或有小结，舌红少苔，脉沉细数。治宜滋阴降火，可用六味地黄丸、知柏地黄丸之类。亦可加用生地、玄参、白芍、玉竹、黄精、麦冬、女贞子、百合等药。

若肾阴不足，肝失所养，气机不畅，瘀血阻滞，则见咽喉不适，哽哽不利，异物感，局部咽后壁淋巴滤泡突出或成片状，两咽侧索肥厚充血，苔薄，脉弦细。治用补肾利咽解郁，可选用一阴煎加郁金、香附、合欢皮、生牡蛎、浙贝、茜草、川芎，或一贯煎加茜草、丹参、丹皮等药。

若脾肾阳虚，寒邪客于咽中，症见咽喉疼痛，吞咽不适，头晕重痛，身倦乏力，畏寒怕冷，腰膝酸软，自觉牙龈肿痛，口唇内外灼热干燥，但咽喉和牙龈无红肿，舌淡苔腻，脉沉弱，服苦寒或养阴之药咽痛更甚，治须温补脾肾之阳，驱散咽中之寒，可选用附子理中汤或麻黄附子细辛汤加桔梗、甘草、苡仁、半夏。

若久病之后，肾阳亏损，火不归源，见咽喉不适，微痛，声音嘶哑，小便清长，大便溏泄，畏寒，面色苍白，咽喉不红肿，苔白润，脉沉迟无力，治宜扶阳温肾、引火归源，可用桂附八味丸加减。

（5）慢性非化脓性中耳炎：多因鼻、咽部疾病及全身性慢性疾病所引起，中医称为"耳闭"。症见耳鸣、耳聋，耳内有堵塞胀闷感，并逐渐加重。初起由于邪毒未清，阻塞窍内，气血郁滞，或脾虚寒湿滞留。若迁延日久，耳内积液反复抽取，或积液黏稠而少，耳鸣耳聋加重。多因肾虚所致，肾虚精气不能上注于耳，或肾水代谢障碍而滞留于耳窍，故治疗应采用补肾利水之法。肾阴不足用六味地黄丸加车前子、木通、苡仁；肾阳不足可用真武汤合五苓散加减。

（6）梅尼埃病：属中医"眩晕"范畴，有反复突然发作的旋转性头晕、耳鸣、耳聋等症。致病原因有虚、痰、风等，有关脏腑为脾、肝、肾等，但肾虚为主因之一，痰、风也都可因肾而起。肾虚能生痰，正如张石顽所说："痰即水也，其本在肾，其标在脾，在肾者以水不归源，水泛为痰也""诸风掉眩，皆属于肝"。若肾阴不足，肝失所养，亦可致风阳上扰，清窍被蒙而发生本病。故临床上从肾治疗是一个很重要的方面，可用益肾补虚、利水化痰之法，如肾阳不足，可用真武汤加减；肾阴不足，可用六味地黄丸或左归丸加减；肝肾不足，风阳上扰，宜杞菊地黄丸加减。

四、活血化瘀方在耳鼻咽喉科的应用

气血是人体生命活动的物质基础，流布全身，环周不休，运行不息，以供给机体各个脏腑组织器官需要。也就是《素问·调经论》指出"人身所有者，血与气耳"。因此，气血失调是一切疾病发生的主要病理基础之一。王清任提出"气血冲和，万病不生，一有拂郁，诸病生焉"。至于引起气血失调，导致瘀血形成的原因很多，伤寒杂病，邪气羁留，均可由气分深入血络，以致血行不畅，气血失调，瘀血内留；或内伤脏腑，阴阳失调，气血不和，气滞血凝，瘀血内留。瘀血一旦内留，血脉循行和运行受阻。即产生病证。

由于瘀血停留部位不同，可以发生不同的证候，其治疗大法，如《素问·至真要大论》指出"疏其气血，令其条达，而致和平"；《素问·阴阳应象大论》"定其血气，各守其乡，血实宜决之，气虚宜掣引之"。清代医家王清任根据这些理论制订了适应各个部位瘀血证之不同方剂，这些方剂颇为后世医家所推崇，其中通窍活血汤、会厌逐瘀汤、血府逐瘀汤三方被日益广泛应用于耳鼻咽喉科方面，朱教授在长期的临床诊疗过程中，辨证施方，灵活运用，疗效颇为显著。

（一）应用于耳病

"耳者，宗脉之所聚"。"十二经脉，三百六十五络。其血气皆上于面而走空窍……其别气于耳而为听"。通过经脉的循行，气血调和，耳之功能正常。若由于种种原因，外邪侵袭，脏腑失调，血脉不和，气血凝滞，诸症悉生。如耳闭之证，外邪侵袭，日久滞留不去，阻塞耳窍，气血瘀阻，脉络闭塞。耳聋耳鸣，可由肝火上扰，随经上逆，犯于清窍；或痰火郁结，上壅耳窍，气道不通；或肾精亏损，阴液衰少，精血不足；或脾胃虚弱，气血生化之源不足，加之若有气滞，以致血瘀，引起清窍不通，突然发生暴聋。正是王清任所说的"耳孔内小管通脑，管外有瘀血，靠挤管闭，故耳聋"一类。脓耳日久不愈，气血涩滞，邪毒稽留，腐蚀骨质。治疗时都可采用行气血活，化瘀通窍或活血化瘀，祛腐生新的方法，选用通窍活血汤（赤芍、川芎、桃仁、红花、生姜、老姜、老葱、大枣、麝香），或血府逐瘀汤（当归、牛膝、红花、生地、桃仁、枳壳、赤芍、柴胡、甘草、桔梗、川

芎）治之。

体会：以上这些耳病病证，采用通窍活血汤或血府逐瘀汤治疗之后能收到一定效果，但亦必须在此原则下灵活应用，如对耳闭，病理上为气血瘀滞，气道闭塞，除了用化瘀活血之外，应加通气药。气滞则理之，气闭则通之。气闭血阻，单用活血祛瘀，则仍气闭不通，只用通气则血瘀不除，气血不通，因此活血通窍合通气散效更佳。对耳聋耳鸣，采用活血化瘀之剂可促进血脉运行加快而通畅，加强局部患处营养，或改善局部血运，促进组织器官的去旧生新，此法可按中医不同的证型辨证而佐之。对脓耳日久，气血涩滞，主要为邪毒稽留，除活血化瘀之剂外，须用解毒化腐之药。王氏认为"瘟毒巢穴在血""血受其烧烁，其血必凝"。若不活血化瘀，则邪热得以寄居而热毒不去。若不解毒化腐，则血瘀更甚。两者兼用，得益更彰。

（二）应用于鼻病

鼻为一身血脉所经、血脉多聚之处，是清阳交会之地。外邪侵犯、脏腑病变，都可以引起气血不调而产生气血瘀滞之鼻病，如鼻疔，可因火毒上犯，蒸灼肌肤，气血瘀滞，聚集不散而成疔；鼻窒，邪毒久留不去，阻于脉络，以致痰火结聚，气血瘀滞，鼻甲肿实色暗红；鼻槁，肺脾气虚阴亏，气虚则血运无力，阴亏则血行涩滞，气虚阴亏，血瘀鼻窍，肌膜失养；又如酒渣鼻，因肺热血瘀，鼻头色红，皮肤增厚而粗糙，或生痤疮。产生这些鼻病总因血瘀而致。治宜活血化瘀行滞，常应用通窍活血汤、血府逐瘀汤。

体会：鼻疔因火毒气血凝滞，聚而不散，除用活血化瘀之外，应随加解毒凉血之品，毒解热去，则瘀滞自消，血遇寒凝固，得热煎熬亦可瘀凝。对鼻窒一般认为肺脾虚损，气虚卫弱，邪毒久留不去，必寒邪为先，临床上除用活血化瘀之剂外，兼用温经散寒效更佳，血遇寒凝结，阻于经络，单用活血化瘀，则寒凝不解，只用温经散寒，则瘀血不去。鼻槁日久往往气虚阴亏，不同情况下，活血化瘀兼以补气，或活血化瘀兼以滋养阴血，血无气载，则必瘀，气虚则经络空虚，气足则瘀血自化。若病久阴血虚衰，可血行不足而瘀滞，单用活血化瘀易致阴血耗损，只用滋阴养血，则瘀血不除而阴血也难再生。

（三）应用于咽喉病

咽喉是司饮食、行呼吸、发音的器官，上连口腔，下通肺胃，又是经脉循行之要冲，与脏腑经络有着密切的关系，合经脉脏腑而调和气血。咽喉诸病都可以影响气血之调和，气血调和失常，也可导致咽喉疾病。外邪犯肺，阻遏气机，升降清肃无权，以致痰浊不化，阻瘀经脉，可使气血周行不畅或血滞，出现咽喉肿胀或音哑。饮食失节，损伤脾胃，运化失职，不能升清降浊，湿浊不化，滞阻于咽喉，日久不化，气血瘀结，咽喉发生病变。情志不遂，肝气不舒而郁结，亦可出现气滞痰凝血结，咽喉似物梗塞。如乳蛾可因风热邪毒，搏于喉核，脉络受阻，气血壅滞，蛾体红肿。若日久不愈，气血瘀滞，蛾体肥大不消，色暗红而硬。喉痹，痹者闭也，闭塞不通，气血瘀阻，血脉不行。亦可肝气郁滞，疏泄失常，气血运行不畅，异物感明显。喉喑，声音嘶哑，为肺经伏热循经上蒸，热郁血络，结于声户，气血凝滞，声带肥厚肿胀，或发为结节。或湿郁化热，气血凝滞而成息肉。或脾肺不足，高声呼叫，多语，损伤喉部脉络，血结不化。形成这些咽喉病证，皆可因气滞血瘀而起，或症加重，治用活血化瘀为主，多采用会厌逐瘀汤（桃仁、红花、生地、甘草、桔梗、枳壳、赤芍、当归、玄参、柴胡）或血府逐瘀汤，收获甚佳。

体会：会厌逐瘀汤可谓治喉之良剂也，方中以桃仁、红花、当归、赤芍活血化瘀。配柴胡、枳壳调畅气机，行滞散结，使气行则血行而瘀血自去；并用生地配当归养血活血，使瘀祛而不伤阴血；用桔梗、玄参、甘草清利咽喉，解毒消肿，甘草又能调和诸药，利咽并能散结。对乳蛾由邪热搏结，气血壅滞，亦可瘀热互结，用活血化瘀，应兼以祛邪，邪去则血凝自消，肿胀消退。瘀热互结，还应清理通下，咽喉之疾不清里通下，热无以泄，热不清，则症加重。亦可兼用凉血而行瘀，瘀热皆除，证速转愈。王清任说"风、火、湿、痰，无论内外中，由内发，必归经络""经络所藏，无非气血，痹证日久，必多血淤之症"，所以喉痹的临床治疗亦应考虑"痹"的含义，在治疗时除用活血化瘀之剂，亦可兼用祛风除湿之药，灵活应用。喉喑，其机制除气滞血瘀之外，亦常兼有阴血虚衰，阴血不足而行滞，或气虚不足，而不能推动血脉运行，故在治疗中活血化瘀兼以滋阴养血，或活血化瘀兼以补益气血，这样才能收到预期的效果。

五、朱祥成教授耳鼻咽喉科临床常用方药

朱祥成教授数十年来谦逊好学，博览医学群书，撷采众长，不断探索，推陈出新，在其多年的教学、科研、临床实践中对中医药治疗耳鼻咽喉科疾

病积累了相当丰富的经验，总结出了常用的验方，现介绍如下：

（1）养阴利咽汤：北沙参、麦冬、玄参、川石斛、生甘草、桔梗、赤芍、茜草、忍冬藤、连翘、桑白皮、蝉衣、远志、茯苓、百合。

常用于治疗慢性咽炎，肺阴不足之咽喉不适、咽痒干燥等症。若咽痛甚者可加炮射干、野荞麦根等；咽干明显者可加五味子、乌梅、天花粉等；若咳嗽者可加浙贝、杏仁、鱼腥草、枇杷叶等；咳痰，痰少色白者可加前胡、炙紫菀、炙款冬花、佛耳草等；若痰多色黄者，可加竹沥半夏、炒莱菔子、炒黄芩等；若咳嗽较甚气急者，亦可加炙百部、地龙等。

（2）解毒清咽汤：牛蒡子、生甘草、桔梗、忍冬藤、连翘、桑白皮、炒黄芩、僵蚕、蝉衣、茜草、板蓝根、玄参、野荞麦根、赤芍、杏仁。

常用于急性咽炎，咽喉疼痛、咽部充血等症。若头胀痛者，加蔓荆子、薄荷、荆芥等；若咳嗽者，加前胡、浙贝、枇杷叶等；若便坚者，加瓜蒌仁、杏仁等。

（3）益气养阴汤：生黄芪、茯苓、桔梗、生甘草、麦冬、玄参、石斛、赤芍、茜草、百合、蝉衣、木蝴蝶、忍冬藤、桑白皮、胖大海、五味子。

常用于声音嘶哑，气阴两虚之说话乏力，多语则哑等症。若声带闭合欠佳者，加炒党参、诃子肉等；若干咳不适或喉间有痰者，加杏仁、浙贝、制远志、生蛤壳等。

（4）益气开音散结汤：生黄芪、茯苓、生甘草、桔梗、忍冬藤、桑白皮、蝉衣、木蝴蝶、胖大海、蛇舌草、生山楂、海蛤壳、山慈菇、鸡内金、乌梅。

常用于声音嘶哑、声带小结、声带息肉等症。若咽干不适者，加北沙参、麦冬、玄参、石斛、百合、芦根等；若咳嗽有痰者，可加浙贝、杏仁、竹沥半夏、莱菔子等。

（5）逐瘀开音汤：三棱、莪术、丹参、郁金、僵蚕、桔梗、生甘草、忍冬藤、连翘、桑白皮、枳壳、山楂、蝉衣、炒丹皮、茜草。

常用于声带肥厚或水肿、声带息肉、乳头状瘤而致声音嘶哑等喉病。亦可加蒲公英、白花蛇舌草、鱼腥草、猫爪草、藤梨根、浙贝、海蛤壳等清热解毒散结之药。

（6）理气化痰汤：竹沥半夏、茯苓、苏梗、浙贝、生甘草、桔梗、郁金、炒枳壳、陈皮、绿梅花、佛手、赤芍、远志、煅蛤壳。

常用于梅核气，咽喉不适、有异物感，喉间有痰，吐之不出，咽之不下之症。若胃脘不适，时有嗳气，泛吐酸水可酌加蒲公英、姜竹茹，或川连、吴茱萸疏肝解郁，降逆止呕，辛开苦降。

（7）清肺通窍汤：鱼腥草、白芷、生甘草、桔梗、桑白皮、黄芩、忍冬藤、连翘、辛夷、丹皮、茜草、广藿香、丝瓜络、石菖蒲、茯苓。

常用于慢性鼻窦炎，鼻塞、流黄涕等症。若有头痛者，加荆芥、蔓荆子；涕量多而黄者，加蒲公英、败酱草、千里光等。

（8）温肺固卫汤：生黄芪、白芷、防风、桑白皮、忍冬藤、生甘草、辛夷、藿香、丝瓜络、石菖蒲、茯苓、茜草、炒丹皮、炒党参、生米仁。

常用于慢性鼻炎、慢性鼻窦炎，病程日久，反复鼻塞不畅等症。若涕多者，可加鱼腥草、蒲公英；畏寒、流清涕者，可加细辛、桂枝等温阳通窍。

（9）清热凉血汤：炒生地、白茅根、炒丹皮、炒藕节、焦山栀、桑白皮、炒黄芩、连翘、茜草炭、赤芍、槐米、紫草、水牛角、大小蓟、仙鹤草。

常用于鼻出血，加减应用。

（10）滋养通窍汤：生熟地、制萸肉、茯苓、炒山药、丹皮、丹参、葛根、蝉衣、五味子、补骨脂、骨碎补、赤芍、茜草、枸杞子、炒杜仲、桑椹子、龙齿、仙灵脾。

常用于肝肾不足之耳聋耳鸣。亦可加用红景天充脑养血活血之品，若夜寐不安可加合欢皮、炙远志、灵芝安神；若心悸不宁加柏子仁、炒枣仁等。

（11）健脾益肾止鸣汤：制黄精、制玉竹、茯苓、炒党参、炒山药、枸杞子、炒杜仲、桑寄生、制女贞子、丹参、葛根、金蝉花、骨碎补、赤芍、川芎、当归、升麻、熟地、绿梅花、红景天。

常用于产后脾肾不足、日久不愈之耳鸣，若夜寐欠佳者可加五味子、炒枣仁、灵芝。

（12）平肝通窍汤：生石决明、天麻、钩藤、蔓荆子、白蒺藜、炒丹皮、丹参、葛根、蝉衣、赤芍、茜草、红景天、龙齿、灵磁石、茯苓、车前草、菊花、枸杞子、姜半夏、五味子。

常用于耳鸣，头晕目眩，恶心欲吐等症。

（13）健脾渗湿通窍汤：生黄芪、茯苓、生米仁、藿香、桑白皮、忍冬藤、生甘草、石菖蒲、茜草、柴胡、干荷叶、丝瓜络、蝉衣、白芷、赤芍、茜草、炒丹皮、葛根。

常用于耳胀耳闭，鼻塞、流涕等症。若涕多者，加鱼腥草、蒲公英、炒黄芩等；若病程反复日久者，可加党参或太子参；出汗多者，可加防风、稵豆衣；便稀者，加炒山药、炒山楂等。

第二节　著书立说勤耕耘

朱祥成教授一直认为，临床医生的学识和经验总是有限的，不能总是困在自己的固定思维框架里，亦不能有半点懈怠，一定要虚怀若谷、谦虚谨慎，既要不断分期、分阶段地总结自己的临床经验，又要多学习其他医家的学术见解，并要及时学习、掌握、更新多方面的知识，多种医疗技术、方法，这样才能丰富自己诊治疾病的手段、提高诊疗水平，临证才能更加得心应手。

朱教授从不怕自己的经验外泄，只虑后生不学。他常强调，教导学生是直接经验的传授，而著书立论则是间接经验的传承，能留于后辈，使后学者获益于此。朱教授从医执教数十年以来，喜爱读书，善于思索，治学严谨，师古不泥古，勤于笔耕，提出了自己的颇多新见解、新观点。已撰著有《咽炎与扁桃体炎》（1983年10月人民卫生出版社出版）、《朱祥成中医耳鼻咽喉科医学文选录》（2005年1月中医古籍出版社出版）；主编《中医耳鼻咽喉口腔科学》（中华医药百科全书，2016年10月中国协和医科大学出版社出版）；主审《中医耳鼻喉科学》（高等医药院校教材第五版，1984年上海科学技术出版社出版）、《中医耳鼻喉科学》（全国高等教育自学考试指定教材，2000年9月中国中医药出版社出版）、《黄氏喉科传真》（2017年3月中国医药科技出版社出版）；参与编写《中医耳鼻咽喉科口齿科学》（中国医学百科全书，1985年9月上海科学技术出版社出版）、《浙江药用植物志》（1980年7月浙江科学技术出版社出版）、《中医耳鼻咽喉口齿科学》（1994年1月人民卫生出版社出版）、《中医喉科集成》（1995年8月人民卫生出版社出版）、《全国中医学院考试题解》（1986年8月人民卫生出版社出版）、《高等中医自学考试应考模拟试题精编》（1997年2月辽宁科学技术出版社出版）、《中医研究与临床》（1997年9月中医古籍出版社出版）、《中医耳鼻咽喉口腔科学》（中医药学高级丛书，2001年9月人民卫生出版社出版）、《实用中医耳鼻咽喉口齿科学》（2001年1月上海科学技术出版社出版）、《中医耳鼻咽喉口腔科学》（中医药学高级丛书，2011年2

月人民卫生出版社出版）、《今日中医耳鼻喉科》（中医临床丛书，2011年4月人民卫生出版社出版）等多部中医耳鼻喉科教材。

朱教授还先后在各地的中医刊物和杂志上发表过《中医喉科吹药的发展与临床应用探讨》（《浙江中医学院学报》1979年第4期）、《中医补肾法在耳鼻喉科疾病中应用》（《浙江中医学院学报》1980年第2期）、《桔梗汤在喉科病中的应用》（《浙江中医学院学报》1980年第4期）、《慢性咽炎的辨证论治》（《浙江中医学院学报》1984年第1期）、《中医喉科吹药的治疗作用》（《浙江中医学院学报》1984年第5期）、《咽痛证治》（《浙江中医学院学报》1984年第6期）、《声音嘶哑证治》（《浙江中医学院学报》1986年第2期）、《暴聋的辨证论治》（《浙江中医学院学报》1987年第1期）、《中医喉科吹药的应用规律》（《浙江中医学院学报》1988年第1期）、《喉症消痛散治疗咽喉疾病325例疗效观察》（《中国医药学报》1989年第4卷第4期）、《咽喉保健茶——嗓音宝的研制》（1987年《茶—品质—人类保健》杭州国际学术交流会上大会交流）《慢性鼻炎鼻阻塞治疗五法》（《浙江中医学院学报》1990年第5期）、《耳穴压药在耳鼻喉科的应用》（《浙江医学情报》1992年第2期）、《98例突发性耳聋中医辨证及疗效分析》（《中国中西医结合耳鼻喉科杂志》1993年创刊号）、《梅核气施治刍议》（《浙江中医学院学报》1992年第2期）、《爽声糖浆用于声带息肉术后疗效观察》（《中国中西医结合耳鼻喉科杂志》1994年第2期）、《分泌性中耳炎的综合治疗》（《中国中西医结合耳鼻喉科杂志》1994年第2期）、《突发性耳聋中医辨证分型与预后》（《中国中西医结合杂志》1994年增刊）、《嗓乐喷雾剂临床88例疗效观察》（《中医药临床与研究耳鼻咽喉口腔科》1997年9月）、《治聋中医方药研究与进展》（《中医杂志增刊》2002年6月）、《治疗耳鼻咽喉科疾病的中医特色》（《中医耳鼻喉科学研究》2006年5月）等50余篇专业学术论文，其中多篇学术论文获浙江省中青年优秀论文奖和浙江省科协科研论文成果二等奖。

朱教授亦据自身的临床经验创造性地提出了"慢性鼻炎鼻阻塞治疗五法""内托解毒法治疗慢性鼻窦炎""喉科内治十二法"等新见解。

朱教授在中青年时期尤擅治咽喉科疾病，他认为咽喉疾病是整个机体病理变化的一部分。时邪病毒，从口鼻等处侵犯，咽喉首当其冲；内伤脏腑的病理变化，也常反映于咽喉。因此，咽喉病的中医治疗，也与其他各科一样，必须从整体观念出发，结合咽喉的局部症状，综合分析，辨明脏腑、经

络、阴阳、表里、寒热、虚实，审证求因，辨证论治。现将"喉科内治十二法"详述如下：

（1）疏风清热法：凡外感风热邪毒，侵袭咽喉，邪在肌表，症见身热头痛，微恶风寒，咳嗽，苔薄白，脉浮数。咽喉患部微红、微肿、疼痛。治宜疏风清热，常用药物如银花、连翘、桑叶、薄荷、牛蒡子。方如桑菊饮、银翘散，喉科代表方为疏风清热汤。

（2）疏散风寒法：凡外感风寒之邪侵袭咽喉，邪正抗争于皮毛经络，寒邪束表，症见恶寒发热，头项强痛，肢体酸痛，无汗，鼻塞流涕，咳痰稀薄，苔薄白，脉浮紧或浮缓。咽喉患部淡红不肿，吞咽不顺，哽哽不利。治宜疏散风寒，常用麻黄、桂枝、羌活、防风、白芷、紫苏、荆芥等药。在喉科常选用《喉科秘旨》六味汤加紫苏，寒邪较重的选用《证治准绳》荆防败毒散加减。

（3）解毒利咽法：邪毒壅盛于肺，热毒上蒸，搏于咽喉而为病，症见咽喉疼痛、红肿，吞咽不利，或患部隐痛较剧，口渴，身热，舌苔黄厚，脉数。治宜解毒利咽，临床上常与他法配合使用，如初起有表证者，与疏风散寒解表合用；里热困盛，大便秘结者，则与利膈通便法合用，如《喉科紫珍集》清咽利膈汤；若火热甚盛，热毒壅结，发病迅速，患部红肿剧痛，则与苦寒泻火药合用，如《崔氏方》黄连解毒汤、《喉科紫珍集》三黄汤；若热毒上蒸，灼伤血肉，壅郁成痈，则与活血散结消肿药合用，如《证治准绳》仙方活命饮；若咽喉肿痛，见高热不退，烦躁，神昏谵语，舌绛而干等营分症状，则需与清营凉血之剂合用，如《备急千金要方》犀角地黄汤。

（4）利膈通便法：若表邪已解或邪毒从表入里，胃肠实热，邪热内困，内热壅盛，症见咽喉极度红肿、疼痛，吞咽困难，高热不退，大便秘结，舌苔黄燥，脉数实。治宜利膈通便，可用《喉科紫珍集》三黄凉膈散、《太平惠民和剂局方》凉膈散；若大便燥实，咽喉大红大肿，壮热烦渴，可用大承气汤攻下。

（5）滋阴降火法：由于肾阴亏损，阴液不足而致虚火上炎，出现咽喉患部色淡红、微肿微痛，甚者咽喉腐烂，可见白色溃点，晨轻暮重，咽干不喜饮，心烦失眠，腰膝酸软，潮热盗汗，舌红少苔，脉细而数。治宜滋补肾阴，潜降虚火，《小儿药证直诀》六味地黄丸和《医宗金鉴》知柏地黄丸为常用方剂。若肾阴亏损而阳明有实火者，宜滋阴而兼清热，虚阳上亢而成喉肿者，则宜滋养肾水，佐以潜阳之品。

（6）润肺清燥法：由于脏腑津液亏损或天时久晴无雨，秋阳暴虐，燥热灼伤肺津而致喉病，症见咽喉疼痛，干燥不适，干咳少痰，心烦口渴，音哑，舌干无苔或薄白而燥，边尖俱红者，治宜润肺清燥，常用桑叶、杏仁、沙参、麦冬、玉竹、花粉、石膏、石斛等药。《重楼玉钥》养阴清肺汤、《疫喉浅论》清咽养营汤、《医门法律》清燥救肺汤和《温病条辨》沙参麦冬汤皆为常用方剂。

（7）清热化痰法：邪热内壅，不得清解，煎熬津液，郁而生痰，凝结咽喉而病者，可见咽喉痰涎壅盛，痰黄黏稠，咳吐不利，咽喉红肿疼痛。治宜清热化痰，常用射干、牛蒡子、瓜蒌、贝母、竹茹、前胡、杏仁、黄芩、枳实、僵蚕等药。若火毒壅聚，咽喉肿胀或闭塞，痰鸣气逆，呼吸困难，证候危重者，宜清热涤痰，用竹沥、胆星、竹茹、半夏等，或先用探吐法，导出痰涎，再作进一步治疗。方如竹沥达痰丸、白金丸和《喉科紫珍集》喉科回春锭。若因燥热伤肺，灼液成痰，燥痰不化，清肃无权，症见咽喉干燥、哽痛、咳痰不利，痰稠而黏，甚至成条成块，多咳则声音嘶哑等症。治宜清肺润燥化痰，可用贝母、瓜蒌、花粉、茯苓、桔梗、橘红等。

（8）疏肝解郁法：由于情志怫郁，郁怒伤肝，肝气不舒而致血滞、痰结、化火而引起的一些咽喉病，症见咳嗽喉痒，咽燥口干，舌苔薄腻，脉弦等肝气横逆上侮肺金之证；或头痛，咽疼，口干口苦，急躁，便秘，耳鸣目赤，舌红，苔黄，脉弦数之肝郁化火之证；或咽中哽哽不利，如有炙脔，咯之不出，咽之不下，苔薄，脉弦滑之肝气挟痰的梅核气证；或气滞血凝，血脉不通，瘀血痰浊结聚，留于喉间，阻塞咽喉之肿瘤等。治宜疏肝理气，如四逆散加香附、郁金、青陈皮，或复方金铃子散；疏肝解郁、清肝泻火，如丹栀逍遥散；疏肝解郁、利气化痰，如半夏厚朴汤加减；舒肝解郁、活血散结，如丹栀逍遥散加香附、乌药、川芎、茜草、丹参等。

（9）散瘀托毒法：咽喉痈肿早期，可于清热解毒剂中加入散瘀托毒之品以促进消散；若痈脓将成而未溃破，可散瘀托毒排脓，如仙方活命饮、透脓散等方；若脓溃而排脓不畅，则加强托毒排脓之药；若脓溃正气已虚，脓汁清稀，可用补托消毒，如十全大补汤、参苓散加皂角刺、制乳没，或用托里消毒散。

（10）温补气血法：由于气血不足，脏腑功能衰退，抗邪能力低下或肺脾虚弱，水谷精微输布受碍，出现虚寒证候，如一些病变缠绵，日久不愈的慢性咽喉病，或过服寒凉之剂，或高声歌唱，久言伤气，或咽喉病化脓破

浙江中医临床名家·朱祥成

溃后久不收敛，气血虚弱。症见咽喉微痛，或吞咽不利，不红不肿，呈淡白色，面色较苍白，唇淡口和，尿清便溏，或声低嘶哑，失音，短气，自汗，心悸，或创口久不收敛等。治宜温补气血，可灵活选用补中益气汤、四物汤、八珍汤和十全大补汤等。若为虚火所致喉病，以补益气血为宜，不可误投凉药。大凡上午痛者属气虚，补中益气汤加麦冬、五味子、牛膝、玄参，午后痛者多阴虚，四物汤加黄柏、知母、桔梗、玄参。

（11）温阳祛寒法：由于阴寒盛凝，阳气衰微，或阳气闭郁浊阴上犯，或寒邪直中少阴而引起，症见咽喉干燥疼痛，或痛如刀刺，用清热解毒、滋阴清火、养阴清肺等法。长期治疗不愈，症却加重而乏力畏寒，口苦不欲饮，手足厥冷，小便清白，大便寒泄，苔薄白或无苔而有津液，脉沉弱或沉缓无力等。或见久暗，咽喉无痛痒，畏寒厥冷，脉沉微等。治用温阳祛寒之法，选用如四逆汤、附子理中汤、麻附细辛甘草汤等方剂。

（12）活血祛瘀法：临床上由于气滞血瘀而致者亦较常见，如喉痹、喉痈、石蛾、声带小结、息肉、咽喉肿瘤等。治疗皆可活血祛瘀，或活血祛瘀佐以他法合用。常用药如丹参、赤芍、乳香、没药、川芎、茜草、桃仁、红花、当归、郁金等。

第三节　潜心研究创新知

朱祥成教授在数十年的行医执教过程中，精勤不倦，善于思考及吸收现代医学技术知识，致力于科学研究，并获得多项科研成果。

朱教授擅长应用喉科吹药治疗咽喉科疾病，许多患者慕名前来求诊，他发现临诊患者中有较大部分都是教师、演员、营业员、售票员等以嗓音工作为主，由于他们长期从事职业工作，缺乏嗓音保健，以致咽喉疾病、嗓音疾病的发病率大大高于其他人员，也严重影响他们的工作和生活。朱教授便思考能否找到一种方便、可操作性强、患者接受度高的嗓音保健方法。碰巧，一日朱教授翻阅《神农本草经》时，见"神农尝百草，日遇七十二毒。得茶而解之"，又考虑到中国茶文化博大精深，饮茶史源远流长，且医学古籍中以茶作保健及药用也早有记载，如《本草纲目拾遗》曰："雨前茶、产杭之龙井者佳……清咽喉、明目补元气，益心神，通七窍"；《本草求真》谓："茶味甘气寒，故能入肺，清痰利水，入心清热解毒，是以垢腻能涤，炙煿能解。凡一切食积不化，头目不清。痰涎不消，二便不利，消渴不止，一切吐血，便血等服之皆能有效"；《食物本草会纂》提及茶能"止渴生津液"；《万氏家抄方》又说茶剂"治诸般喉症"；又如《太平惠民和剂局方》的川芎茶调散；《经验良方》的午时茶；《医学心悟》的治痢散；以及甘和茶、孩儿茶等；另一方面，当时国内外尚无合适而理想的咽喉保健饮品，所以朱教授便在中医传统咽喉保健用药特色的基础上，结合自己多年临床经验开发研究成了新颖嗓音保健茶"嗓音宝"。它是以茶叶为主加入适当的利咽保健中药，调配成适当的比例，并注意产品的口味、色泽加工而成代泡茶剂，具有生津止渴，润喉爽音功能。

"嗓音宝"中茶叶佐以金银花及菊花两味，以清热解毒、润喉利咽、生津止咳。两药常用治咽喉肿痛等疾患，金银花为作用较强的广谱抗菌中药，体外试验证实对金黄色葡萄球菌、溶血性链球菌、痢疾杆菌、脑膜炎双球菌、肺炎双球菌等均有抑菌作用。单味金银花在动物试验中被证明对小白鼠结核病有疗效，并有抗流感病毒作用。菊花亦对葡萄球菌、链球菌、痢疾杆菌、绿脓杆菌、人型结核杆菌、流感病毒及皮肤真菌等均有抑制作用。大剂量的菊花有明显的解毒和降压作用。"嗓音宝"中其他一些辅药亦都具有生津止渴，润喉爽音作用，对咽喉部能起到良好的保健作用。

一、"嗓音宝"化学成分分析

1. 氨基酸测定

为查明嗓音宝中游离氨基酸的组成其含量，应用日立835-50型氨基酸分析仪测试，其结果表明："嗓音宝"不但含有一般茶叶所含有的氨基酸，而且必需氨基酸的种类比一般茶叶多，其含量也比一般茶叶更高，总量为1392.63mg/100g，见表5-1。

表5-1 嗓音宝与一般茶叶氨基酸种类及含量比较

种类	含量（mg/100g）					
	嗓音宝	绿茶△	红茶△	青茶△	头茶* 一芽一叶	头茶* 第三叶
赖氨酸	33.93	15.99	42.21	15.03	14	19
蛋氨酸	7.03	—	—	27.33	—	—
苏氨酸	535.03	微量	微量	微量	48	55
亮氨酸	28.77	12.81	40.09	11.10	2	2

种类	含量（mg/100g）					
	嗓音宝	绿茶△	红茶△	青茶△	头茶* 一芽一叶	头茶* 第三叶
异常氨酸	33.20	15.84	29.99	19.25	2	2
苯丙氨酸	48.30	11.84	59.02	34.67	4	3
缬氨酸	51.57	39.26	47.77	24.20	—	—
小 计	737.83	95.74	219.08	131.58	70	81
门冬氨酸	191.90	256.99	122.35	34.61	245	128
丝氨酸	—	103.85	92.34	31.44	188	103
谷氨酸	229.87	405.1	130.29	72.24	274	189
脯氨酸	101.47	—	27.51	—	3	2
甘氨酸	7.20	2.80	3.74	—	4	3
丙氨酸	36.20	45.17	40.37	31.43	44	27
胱氨酸	—	34.63	32.47	26.75	—	—
酪氨酸	40.80	—	48.78	—	4	2
组氨酸	10.23	15.17	13.47	—	6	2
精氨酸	37.13	409.53	163.39	49.67	425	518
合计	1392.63	1368.98	893.79	377.72	1263	1055

△：茶叶样品由安徽农学院茶业系供给；*：日本报导

2. 微量元素的测定

微量元素与人体健康的关系非常密切，对"嗓音宝"用上海原子核研究所生产的XR-500型X射线荧光分析仪进行微量元素检测，其结果Ca、Mn、Fe、Cn等元素的含量明显高于其他茶叶，而Pb、As、Ni、Cr等元素含量明显低于其他茶叶或未检出，见表5-2。

表5-2　嗓音宝与其他茶叶的微量元素种类及含量比较表

种类	含量（PPM）		
	嗓音宝	原料茶叶	其他报道十种茶叶平均
Ca	5041.2	2338.8	2711*
Mn	633.6	372.0	276
Fe	403.3	365.0	145.7*
Cn	37.5	34.2	30.23±1.7

浙江中医临床名家·朱祥成

续表

种类	含量（PPM）		
	嗓音宝	原料茶叶	其他报道十种茶叶平均
Zn	26.6	35.4	25.9±1.9
Sr	19.9	25.3	—
Cr	—	—	1.19±0.08
Ni	—	9.75	5.09±0.47
Pb	—	—	1.43±0.12
As	—	—	—

*：摘自另外报道；—未检出

3.有害物质及农药残留量的测定

嗓音宝在微量元素检测中没有检出Pb、As等元素。另对嗓音宝中的Ni、Cr、六六六、DDT等进行检验，检验结果示：Ni、Cr未检出，总六六六含量为0.075PPM（μg/g），总DDT含量为0.086PPM。结论为"符合绿茶、红茶卫生标准"（GBn144-81）。因此，嗓音宝不含Pb、As、Ni、Cr等元素，且六六六、DDT的含量也远比国内外允许标准低，故本品是一种理想的保健饮料。

二、嗓音宝药理研究

1.抗炎作用

通过对两种动物炎症模型的实验结果分析，嗓音宝对二甲苯引起的小鼠耳部炎症和烫伤引起的小鼠局部水肿均呈明显的抑制作用，而且对二甲苯引起的小鼠耳部炎症的抑制作用显著强于茶叶治疗组。此外，嗓音宝对蛋清所致的大鼠足跖肿胀有明显的抑制作用，且明显优于茶叶组，见表5-3～表5-5。

表5-3　嗓音宝对二甲苯致小鼠耳部炎症的影响

组别	动物数（只）	剂量（g/kg）	给药途径	肿胀度（X+SD，mg）	抑制率（%）	P值
冷开水	10	等容量	口服	8.598±3.804		
嗓音宝	9	6.25	口服	2.264±2.989	7.36	<0.01
茶叶	8	6.25	口服	7.236±8.465	15.8	>0.05

表5-4　嗓音宝对烫伤小鼠局部水肿的影响

组别	动物数只	剂量 （g/kg）	给药途径	每克组织含水量 （X+SD，Mg）	P值
冷开水	10	等容量	口服	3.069±0.614	
嗓音宝	10	5.0	口服	2.394±0.504	<0.01

表5-5　嗓音宝对蛋清致大鼠足肿胀的影响

组别	动物数 （只）	剂量 （g/kg）	给药 途径	给蛋清后不同时间足肿胀度（%，X±SD）			
				0.5小时	1小时	2小时	3小时
嗓音宝	7	2.0	口服	7.12±5.48	5.26±6.32	5.38±6.97	8.56±7.54
茶叶	7	2.0	口服	28.62±9.61	29.82±5.26	39.00±4.54	31.59±10.68
冷开水	7	等容量	口服	36.84±18.69	21.06±16.19	37.66±13.46	40.75±11.17

2. 抗菌作用

体外抗菌实验结果表明，嗓音宝与绿茶不论是通过Co^{60}灭菌或加压加热灭菌后，制备的样品液对宋氏痢疾杆菌、大肠杆菌、绿脓杆菌、志贺氏痢疾杆菌、福氏2a痢疾杆菌、肠炎沙门氏菌、金黄色葡萄球菌、甲型溶血性链球菌、肺炎双球菌等抗菌作用嗓音宝组均强于茶叶对照组，这一点与嗓音宝在临床上对咽喉疾病具有较好疗效和保健作用相一致，见表5-6。

表5-6　嗓音宝体外抗菌试验实验结果

MIC（mg/ml）　样品名 菌种　　　　　　结果	嗓音宝 （Co^{60}灭菌）	茶叶 （Co^{60}灭菌）	嗓音宝8磅15分钟 灭菌	茶叶8磅15分 钟灭菌
宋氏痢疾杆菌	15.63	7.81	1.95	1.95
大肠杆菌	31.25	7.81	3.91	7.81
绿脓杆菌	125	62.5	31.25	15.63
志贺氏痢疾杆菌	7.81	7.81	3.91	7.81
福氏2a痢疾杆菌	15.63	7.81	—	—
肠炎沙门氏菌	15.63	3.91	7.81	3.91
金黄色葡萄球菌	15.63	31.25	—	—
甲型溶血性链球菌	15.63	15.63	7.81	7.81
肺炎双球菌		31.25	7.81	

三、嗓音宝临床疗效观察

收集1987年5～7月门诊55例有各种不同咽喉症状及嗓音患者，随机分为两组，实验组35例，使用嗓音宝；对照组20例，使用一般绿茶。实验组每位患者单配嗓音宝茶包20～40包，每日2包，连续服用10～20天为1个疗程，对病期较久或病情较重的患者，则要求连续服用2～3个疗程。对照组每日使用一般绿茶包，并在治疗期间注意咽喉及嗓音保健，合理用嗓，忌食辛辣刺激等食物。对两组进行治疗观察，并随访结果。结果显示对比较为明显，嗓音宝对咽喉及嗓音疾病、临床症状消失或明显改善总有效率为85.7%，见表5-7～表5-9。

表5-7　嗓音宝与茶叶对照组对咽喉嗓音疾病的疗效观察

	总例数	痊愈或明显改善	有效	无效	总有效率（%）
嗓音宝组	35	14	16	5	85.17%
茶叶组	20	4	5	11	45.0%

表5-8　嗓音宝对常见咽喉病多种症状的治疗效果

症状	治疗前	治疗后		
	合计	痊愈或明显改善	好转	无效
声音嘶哑	19	8	10	1
咽干	15	7	6	2
咽痛	14	10	3	1
咽痒	6	2	3	1
痰多	4	1	3	0
咳嗽	6	2	4	0
异物感	2	0	1	1

表5-9　使用嗓音宝数量及平均每例用量

	20包以下治疗10天以内	21～40包治疗10～20天	41～90包治疗21～45天	平均/例（包）
病例数	14	16	5	38

四、小结

通过对嗓音宝的实验研究及临床治疗效果的观察结果证明，嗓音宝对咽喉嗓音具有良好的保健作用，并具有显著的预防及治疗效果，常常饮服对全

身也能起到增强体质，延年益寿的功效。

（1）从嗓音宝中检出众多的氨基酸及微量元素，且含量很高，有丰富的营养，能促进机体代谢，提高体质，增强抗病能力，特别是某些微量元素如Ca、Fe、Zn对咽喉局部及全身疾病能起到良好的治疗作用。

（2）从实验研究得出，嗓音宝具有显著的抗菌和消炎作用，能润喉保嗓、利咽止痛、止咳化痰、防治感冒等，这与临床治疗观察是符合的。

（3）嗓音宝未检出有毒物质及有毒元素，而在临床治疗中亦未发现副作用和副反应，饮服是安全可靠的，可以广泛应用。

朱教授的此项研究于1987年通过省级新产品开发技术鉴定，此后项目成果转让，由企业批量生产并投放市场，取得了非常好的经济效益和社会效益，受到广大嗓音工作者的欢迎和赞赏，他们对嗓音宝都给予了较高的评价，认为其清凉爽口，味道醇香，饮用方便，具有保护咽喉、保持声音宏亮、发音轻松、润喉止痛、化痰止咳的作用。此项科研成果于1990年获浙江省医学科技进步奖三等奖。

1988年朱教授还开展对耳聋的研究，成立了"聋儿康复研究室"，先后承担了有关耳聋治疗、康复的多项科研课题。其中《聋儿听觉语言康复有效方法研究》于1991年获浙江省人民政府科学进步三等奖，《聋儿康复成果推广研究》于1996年获浙江省卫生厅医学科技进步奖一等奖。《聋儿康复助听系统中耳模材料与工艺国产化研究》通过省级鉴定，达到国内领先水平，其中一种材料接近甚至达到国际水平，于1998年获浙江省人民政府科学进步二等奖。1996年浙江中医学院五官科教研室被浙江省中医药管理局确定为"浙江省中医治疗耳聋与康复专病建设基地"，同年12月成立了"浙江中医学院耳聋康复研究所"，并被确定为学院重点学科建设单位。

朱祥成教授及其科研团队对耳聋儿童听觉言语康复经过十多年的有效方法研究，在国内外成功经验的基础上发扬中医特色，采取早期发现、早期听力补偿、早期训练，再结合中药"天鼓冲剂"及耳穴按摩配合治疗，改善残余听力的听觉功能，有效恢复听觉疲劳，提高聋儿康复效果；并且创建了"聋儿家庭社区康复模式"法，先后指导了3000多名聋儿的康复训练，使300多名聋哑儿童不但能开口说话，还可以进入普通学校学习，80%的聋儿恢复语言能力，改变了过去"十聋九哑"的说法。

朱教授还提出了耳聋儿童的语言训练应该符合小儿语言发育规律，必须按照耳聋儿童的"听力年龄"分阶段从浅到深逐步进行。大体可分为三个阶段，即听觉训练阶段、词汇积累阶段、语言训练阶段。听觉训练阶段主要是利用聋儿的残余听力（或戴助听器）去倾听各种声响、唤醒其听觉中枢的"沉睡状态"，并经常给以刺激，做到"用而防废退"。反复训练、反复强化，使聋儿逐渐适应日常各种声音，慢慢步入有声社会。词汇积累阶段，是在听觉训练的基础上辅佐以视觉、触觉或其他感觉，使他们感知更多社会事物，将看到、触到的事物与声信号结合，在大脑中形成记忆，并逐渐理解语言含意。语言训练阶段是在词汇积累的基础上，训练聋儿多说，由单字到短句，由简到繁，从少到多，逐渐做到能听懂别人语言，使别人听懂自己的语言。

另外，朱祥成教授还强调了家长在耳聋儿童听觉康复过程中的重要作用，尤其是在婴幼儿时期，家长有着不可替代的重要作用。家长在耳聋儿童听觉康复过程中应做到如下几点。

（1）不拘泥于孩子有听觉障碍，着眼于心身整体，抚育孩子健康成长。

（2）家长要尽量熟悉听觉、语言发育知识，了解孩子的喜怒哀乐。为孩子能充分运用残余听力（包括使用助听器）和随时随地为学习说话创造机会，并且持之以恒，坚定信念。

（3）及时送孩子至专业机构进行听觉康复。家长要了解专业康复机构对孩子的安排、目的与要求，要取得密切的联系，做到及时复习，巩固和发展已取得的成效。

（4）不因孩子有听觉障碍而溺爱，鼓励孩子主动学习。对每一个微小进步要给予肯定或奖励，激发孩子主动配合听觉康复的积极性。一定要抓住孩子0～3岁语言学习、发展的黄金时期，最大程度地重建聋儿的听力。

（5）利用发展听觉功能：学习、掌握语言是长期的过程，要善于利用身边的人和事反复与孩子交谈。在患儿能听到的范围，用频率适当的声音经常给孩子语言刺激。

（6）充分利用听觉并辅以视觉、触觉等各种感官信息，让孩子接触声音、记忆，理解、运用语言。

第六章

桃 李 天 下

第一节　老师医术有"绝活"，为学生研究指明灯

刘扬，女，1973年11月出生。讲师，主治中医师，中医五官科学硕士，中医临床基础专业博士。浙江中医药大学研究生院行政管理工作教师，兼任浙江中医药大学杭州滨江门诊部名医馆出诊专家，世界中医药学会联合会中医适宜技术评价与推广委员会会员，中华中医药学会耳鼻喉科分会会员。

刘扬是朱祥成教授的首届硕士研究生，出生在辽宁省义县，由于父亲工作调动，在内蒙古长大。妈妈是一位勤劳善良，乐于助人的女性，要求儿女要有良好的修养和自立自强的品质。

1994年，立志学医的刘扬考入内蒙古医科大学中医学本科专业（原内蒙古医学院中蒙医学系）。1999年考入浙江中医药大学中医五官科学专业硕士研究生，成为朱祥成教授门下首届硕士研究生。2002年硕士毕业后，刘扬留校工作，从事研究生教育管理岗位。2006年又考取了浙江中医药大学博士研究生。

在近15年的中医临床工作中，刘扬在耳鼻咽喉科疾病治疗方面继承了朱祥成教授辨病与辨证结合，整体与局部结合，内治与外治结合，药物与心理结合，治疗与饮食结合的"五合"综合疗法。注重中西医互参，既使用中医的望、闻、问、切，也参考西医的诊断和实验室指标；注重心理疏导，强调"心病还需心药医"；注重脏腑调理，始终注意观察耳鼻咽喉与五脏六腑的密切关系。在临床治疗中，擅长运用脏腑平衡法、活血化瘀法和专病专药法灵活辨治中医内科杂病、脾胃病、妇科疾病及耳鸣、耳聋、耳胀、眩晕、过

敏性鼻炎、哮喘、顽固性咳嗽、慢性咽炎等。

一、功底深厚，总结"五合"疗法

我是浙江中医药大学（原浙江中医学院）1999级中医耳鼻喉科学专业硕士研究生，也是朱祥成老师门下首届硕士研究生。时光荏苒，一晃20年，如白驹过隙。遥想当年，与朱老师初次相见的情景仍历历在目。

1999年春，塞外还在严寒的冬季没有醒来，杭州西湖边已经是翠柳如烟，游人如织了。在学校安排的研究生复试中，我初次见到了朱老师——一位身材挺拔，温文尔雅，学识渊博而又和蔼可亲的长者。朱老师当时已是浙江省名中医，也是浙江省第一位中医耳鼻咽喉科教授、主任中医师、学校中医耳鼻咽喉科学术带头人，并在全国中医耳鼻咽喉科学术界有很高的声誉和知名度。能够跟随这样德高望重的老师学习，该是一件多么幸运的事啊！

朱老师是一位中西医功底都非常深厚的临床学家。在中医耳鼻咽喉科常见疾病的治疗上，有非常成熟而独到的经验。中医耳鼻咽喉科虽然是小科，但其疾病多与其他脏腑疾病息息相关。很多常见病其实也是疑难病，如急慢性中耳炎、分泌性中耳炎、急慢性鼻炎、鼻窦炎、急慢性咽炎、喉炎、耳鸣、耳聋、各种声音嘶哑等疑难杂症。朱老师在这些疾病的治疗方面却颇具匠心，在临床工作中还用其独特的"五合"综合疗法，收效显著，享誉国内外。

二、关心病患，治疗常有绝活

朱老师精湛的医术和高尚的医风医德，在患者群中享有良好的口碑。每次专家门诊，都有大量的患者排队就诊。不管忙到多晚，朱老师总是坚持看完患者再吃饭。这种以患者至上的高尚医德也深深影响着学生。朱老师对待患者总是一视同仁，除了中医常规的望、闻、问、切外，对每个患者都亲自做详细的局部检查，将中医整体辨证与耳鼻咽喉科局部辨病进行有机结合，极大地丰富了中医辨证的手段和内容，也取非常好的临床疗效。朱老师为了解除患者的病苦，练就了一身"武艺"，经常会拿出很多"绝活"。如喉科"吹药术"。记得有一次，为了治疗一位八十多岁的老太太的口腔内肉芽肿，朱老师配了一款"秘方"，并亲自研磨出"吹药"药粉。患者使用1周后，溃疡出血痊愈，并且创面长出新肉，伤口开始愈合，起到了神奇的疗效。

三、爱才惜才，为研究出资指路

朱老师非常注重对学生和人才的培养，无论是研究生、本科实习生还是进修医生，都会严格要求并倾囊相授。为了提高我们的中医理论水平，朱老师特地开列了必读书目，严格督促完成。遇到疑难病例，会专门记录在案给学生们作为案例进行详细分析。尤其难忘的是，为了弥补我的毕业论文课题经费的不足，朱老师曾把自己1年的课时津贴拿出来给我做实验用。

中医耳鼻咽喉科是祖国医学体系中一个重要的组成部分，也是中医临床重要学科之一，从基础理论到临床辨证及内外治疗方法都具有专科的特殊性。另外，祖国医学宝库中有许多富有特色的传统治疗方法及经验秘方，对耳鼻咽喉科多种疾病的防治具有显著的疗效。朱老师常对我说，对这些医学遗产进行整理、发掘和继承，任重而道远。

2000年，我在朱祥成、王永华导师的指导下，搜集整理了《本草纲目》《普济方》《太平圣惠方》《备急千金要方》《外台秘要》《圣济总录》《医方类聚》《奇效良方》《景岳全书》《杂病源流犀烛》《寿世保元》《类编朱氏集验方》等论著三十余部，选取所载耳聋内服方292首，进行了耳聋古方药物整理与述评研究，取得了一些研究成果。研究发现，灵磁石、石菖蒲两味是古方中治疗耳聋疾病的要药，应用频率居众药之首，达60味次以上，几乎为耳聋必用药。磁石的主要化学成分是铁的氧化物，尚含有砷、锰、铬、钴、铜、锌等微量元素。石菖蒲根含有蛋白质、糖、钙、铁等及以色氨酸为主的13种氨基酸。这一研究成果应用在临床上，体现在防治耳聋、耳鸣疾病当中，可以采用补充微量元素的方法，改善内耳血液循环，增加体内微量元素含量，保护和改善听力。

在老师的指导下，我还对古方治疗耳聋疾病的药物进行功效分类，总结出八大类，分别是健脾益气类、补肾助阳类、疏风散邪类、利水渗湿类、活血化瘀类、滋阴类、行气类、安神类等，说明古人治疗耳聋主要以健脾益气、滋补肝肾、疏风散邪、利水化湿、疏肝理气、活血化瘀为主要治疗方法。对古方药物进行功效归经研究发现，以肺、脾、肾三经论治为主，兼以活血化瘀，聪耳通窍为法。在临床治疗耳聋、耳鸣疾病中，注重应用这些研究成果作为指导，往往能取得良好的治疗效果。

2000～2002年，在朱祥成教授的指导下，我完成了毕业课题"肾虚对噪音性耳聋大鼠听力的影响"实验研究。通过实验发现,肾虚对噪音性耳聋大鼠听毛细胞具有绝对损害作用,从而在实验角度证实了中医"肾主耳"理论。

一直以来,我都深深感恩朱老师呕心沥血的培养。老师的培养为我今天的临床工作打下了坚实的基础。学生每一点一滴的进步,都离不开老师昨日的精心栽培和哺育。

第二节 老师心中有医道,也有病患

唐旭霞,主任医师、副教授、中西医结合博士、硕士生导师、浙江省中医院耳鼻喉科科主任,浙江中医药大学教研室副主任(主持工作)。

唐旭霞是朱祥成教授的弟子之一。她出生在金华的一个农民家庭,妈妈黄鸳芬是当地的赤脚医生,热衷中医,喜欢琢磨草药,经常用有限的医学知识给村民解决常见的疾病。如用房前屋后野生的"紫苏"有效治疗感冒;"鱼腥草"解决咽喉炎;甚至还用草药制成"刀疤药",有村民被镰刀割伤的时候,在伤口上撒上"刀疤药",立刻血止。耳濡目染中药之"神奇",唐旭霞从小就对中医有很深的信任感。1996年,从浙江医科大学毕业后,唐旭霞在金华县第三人民医院做了一名妇产科医生,又在2000年考取了浙江中医药大学中医耳鼻咽喉科的硕士研究生,成为了朱祥成教授和赵荣祥教授的学生。朱祥成教授是全国知名的耳鼻咽喉科中医专家,在朱老师的悉心指导下,唐旭霞能够运用中医中药的方法治疗耳鼻咽喉科的各类疾病。赵荣祥教授则是中西医结合的专家,在手术上有很深的造诣,跟着赵老师学习,唐旭霞熟练掌握了耳鼻咽喉科常见疾病的手术治疗。在两位老师的指导下,唐旭霞一步一步成长为一名坚定地走中西医结合道路的耳鼻咽喉科医生。

2007~2008年,唐旭霞在复旦大学附属眼耳鼻喉科医院进修1年;2012年取得了浙江中医药大学中西医结合博士学位,同年赴美国南加州大学HOUSE耳科研究所访问;2014年担任浙江省中医院耳鼻喉科副主任(主持工作),2018年担任耳鼻喉科主任,浙江中医药大学中医耳鼻喉科教研室副主任(主持工作)。任中国中西医结合学会耳鼻咽喉科专业委员会常务委员、中华中医药学会耳鼻喉科专业委员会常务委员,浙江中西医结合学会耳鼻咽喉科专业委员会常委。

临床方面,唐旭霞擅长中西医结合耳鼻咽喉科疾病的诊治,在临床治疗

中强调对各类疾病的整体治疗，包括对生活起居时间、饮食方式的调节，患者心理状态的调整，还因此在科室里设立五音治疗室，协同护理团队，开展经络艾灸联合音乐治疗，解决了很多耳鸣患者的困扰。在耳科方面，对慢性化脓性中耳炎、耳鸣、突发性耳聋、梅尼埃病、各种耳源性眩晕都有深入的研究。擅长中耳显微手术、人工耳蜗植入手术；鼻科方面对慢性鼻窦炎，咽喉科对儿童的腺样体扁桃体肥大，成人的鼾症、喉癌等都能熟练应用中医中药治疗，同时还能开展功能性鼻内镜手术，低温等离子射频温控消融术，喉癌的全喉、部分喉切除手术，功能性颈淋巴清扫术等。

同时，积极开展了各类科研工作，主持浙江省自然基金3项、厅局级课题3项，参与厅局级课题5项，发表论文20余篇。

一、言传身教，毫无保留

师者，传道授业解惑也。朱老师在培养学生的时候，真正做到了言传身教，毫无保留。在跟朱老师学习之前，唐旭霞是中医的门外汉，虽然在学校里学习过系统的耳鼻咽喉科学知识，但是没有任何临床经验。唐旭霞跟着朱老师上的第一堂课是出门诊必须注意仪表仪态。他说，如果患者看到医生第一眼，感觉是一个邋遢的形象，信任度、好感度都会下降。其次，看病时听患者讲述病情，要注重与患者的眼神交流。朱老师这么教，也是这么做的。唐旭霞印象最深的，还是朱老师手把手教自己用间接喉镜的经历。那时，耳鼻咽喉科医生看病的设备很简单，没有现在这样功能完备、检查准确的多功能诊疗台，只有一张桌子，一个立灯，做间接喉镜时加热时用的都是酒精灯。在用酒精灯加热喉镜的时候，如果温度太高，伸进患者咽喉里的时候会烫到患者，而加热的温度不够，间接喉镜镜面会很快起雾，影响医生观察。唐旭霞记得她总是对加热的程度掌握不好，朱老师就仔细教她，说加热镜面后用自己的手背去体验一下镜子背面的温度，如果自己都觉得烫，那患者肯定受不了。这样一个细节的动作，深深刻入了唐旭霞的脑子里，从此也就熟练掌握了间接喉镜的使用。除了具体操作，朱老师还特别注重讲解用药和每种药物的细节，对学生从来都毫无保留。

二、思路开阔，中西并重

在唐旭霞眼中，虽然朱祥成教授是浙江中医药大学培养的中医医生，但是他注重博采众长，与时俱进，并不排斥西医。他还主动去浙医二院这样的西医医院进修。朱老师兼容并蓄的开放态度也影响着他的学生。在教导学生的时候，朱老师鼓励他们打开思路，积极思考，要求学生在学习某种病的中医诊疗的时候，也要了解这种病在西医中的病理和生理知识。唐旭霞现在还记得，她考研面试的第一个题目是"如何从西医的病理生理来解释肾开窍于耳的理论"，在跟着朱老师出门诊的时候，还记得老师引导她探讨"不同症型的分泌性中耳炎声导抗的表现"等。正是朱老师这种与时俱进的诊疗思路，引导着唐旭霞走上了中西医结合治病的道路，更重要的是，朱老师在对待具体病例时也注重因地制宜，因人而异，因病而变，例如，有的疾病属于中医优势病种，如慢性咽喉炎，朱老师就用中医中药的办法；而对于经过保守治疗无效的患者，如慢性化脓性中耳炎造成永久性鼓膜穿孔的，朱老师则直接推荐西医治疗，甚至手术治疗。

三、关爱患者，医者仁心

除了心中有医道，朱老师心中还总是装着患者。他总是对学生说，治病救人是医生的天职，这是责任也是义务。对患者，他总是耐心细致地询问病史，不厌其烦地回答疑问，并且很注重患者隐私的保护。名老中医的门诊号因为需求量大，总是特别难挂，每次被预约完之后总有患者来加号，朱老师也从不拒绝。有时候朱老师坐门诊，到了中午12点，跟着朱老师抄方的医生都已经饥肠辘辘，朱老师总是说，患者看病大老远跑过来不容易，再辛苦再累也要把加号的患者看完。事实上，朱老师的诊疗费一直是20元，而现在一般名老中医的挂号费都是他的5倍甚至10倍，但为了患者，朱老师一直坚持不肯提价。"急患者所急，想患者所想"，在唐旭霞心里，这是朱老师留给学生的不亚于医术和医道的宝贵财富。

四、重视整体，医术高超

在临床学习中，朱老师总是强调中医的特色在于重视整体，强调对患者的个体化治疗。他对学生反复阐述"未病先防、既病防变、瘥后防复"，事实上，朱老师对耳鼻咽喉科各种疾病的治疗都有一个"整体观"，对于各种不同的病，朱老师通过对舌象的细致观察，判断脏腑的虚实、寒热，分析各种疾病的病因病机，通过四诊合参，辨证论治，辨证施方。如对于疾病的治

疗他强调几个结合："整体和局部相结合"——患者的全身情况和病变部位的局部表现相结合；"内治与外治相结合"——中药口服与外用吹药结合；"疾病和心理治疗相结合"——看病的同时要及时准确地了解患者的工作、生活状态，了解他的心理状态。他总是强调，好的医生能看到的不仅仅是病，而是一个生病的人，如果不是了解患者的整体状况，而只是盯着局部的病变，那肯定不是一个好医生。

在唐旭霞的心目中，朱老师从医道、医德、医术几个方面言传身教，悉心教导，对她的做人、治学、治病都产生了极大的影响，指引着她在中西医结合的道路上继续攀登，也引导她立志做一个心中有医道也有患者的好医生。

大 事 概 览

1939年　出生于浙江省宁波市

1947-1953年　宁波市鄞州区樟村小学

1953-1957年　宁波市鄞州区樟村中学

1957年　湖州南浔做工

1958年　应鄞县兵役局之召参军入伍

1959年　重返校园参加高考

1959-1964年　就读于浙江中医学院

1964-1965年　师从无锡喉科名医黄莘农

1965-1970年　留浙江中医学院任教

1970-1974年　浙江医科大学附属第二医院进修

1974年　筹建浙江中医学院五官科教研室

1978年　浙江中医学院五官科教研室副主任

1979年　浙江中医学院讲师

1979、1980、1982年　浙江中医学院先进工作者

1979年　浙江省耳鼻咽喉科分会委员、浙江省中医学会理事

1980年　浙江省中医学会外科分会委员

1986年　浙江中医学院副教授、浙江中医学院中医系总支部副书记、浙江省中医学会外科分会副主任委员。

1987年　浙江省中医院党委副书记、中医系总支部副书记、浙江省中医学会耳鼻咽喉分会主任委员、全国中医耳鼻咽喉科学会委员

1993年　浙江中医学院教授

1994年　浙江中医学院中医系主任

1996年　浙江省中医院主任中医师、浙江中医学院学术委员会委员、浙江中医学院耳聋康复研究所所长

1997年　浙江省名老中医

1998年　中医耳鼻喉科研究生导师

1999年　中国中医药学会耳鼻咽喉科学会副主任委员

2001年　浙江省中医学会耳鼻咽喉科分会主任委员

2001年　中华中医药学会耳鼻咽喉科专业委员会副主任委员

2003年　至2014年 浙江省中西医结合学会耳鼻咽喉科专业委员会顾问

2006年　至2010年 世界中医药学会联合会耳鼻咽喉口腔科专业委员会常务理事

2007年至今　浙江省名中医研究院研究员

2011年至今　浙江省中医药学会耳鼻咽喉科分会名誉主任委员

2011年至今　世界中医药学会联合会鼻咽喉口腔科专业委员会顾问

学术传承脉络

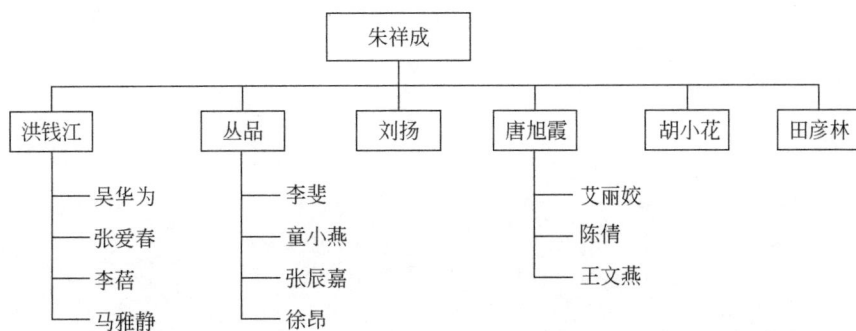

```
                        朱祥成
    ┌──────┬──────┬──────┬──────┬──────┐
  洪钱江    丛品    刘扬   唐旭霞   胡小花   田彦林

  — 吴华为   — 李斐          — 艾丽姣
  — 张爱春   — 童小燕        — 陈倩
  — 李蓓     — 张辰嘉        — 王文燕
  — 马雅静   — 徐昂
```